www.ingramcontent.com/pod-product-compliance
Lightning Source LLC
Chambersburg PA
CBHW080451100526
44581CB00003B/101
* 9 7 9 8 9 9 9 7 6 5 0 3 1 *

הקדשה

לעלוי נשמת אמי היקרה,

סילביה (צילה בת דויד) ע"ה

שאמונתה ומסירותה מוסיפות להדריכני עד היום.

לכבוד אבי,

בנימין זאב בן הרב דויד צבי שליט"א

אשר לימדני אומץ, התמדה ויצירתיות.

With deep appreciation and respect to my teacher,

Rabbi Itsche Rosenbaum and Rebbetzin Chanie Rosenbaum שליט״א

הרב איצ׳ה ורבנית חני רוזנבאום שליט״א

שמהווים דוגמה חיה של תורה וחסד.

With gratitude and esteem Rabbi and Mrs. Nechemya Ort שליט״א

הקדשה

לעלוי נשמת אמי היקרה,

סילביה (צילה בת דויד) ע״ה

שאמונתה ומסירותה מוסיפות להדריכני עד היום.

לכבוד אבי,

בנימין זאב בן הרב דויד צבי שליט״א

אשר לימדני אומץ, התמדה ויצירתיות.

לעלוי נשמת סבתי,

קלארא ואן דר ולדה דה פריס ע״ה **גֶלֶה קְלָרָה בַּת יַעֲקֹב**

אשה של חכמה ותוקף, שדוגמתה עודנה מאירה את דרכנו.

לעלוי נשמת סבי,

הרב דוד צבי (הארטוג) בן הרב בנימין זאב זצ

הרב והרבנית נחמיה אורט שליט״א

על עידודם, השראתם ומעשי החסד הממשיכים לרומם כל מי שמכירם.

ברכה מסכמת:

יהיו דברי המוסר והאמונה שבספר זה לעלוי נשמות אבותיי הקדושים, ולמקור ברכה, בריאות ואורה

לאותם מכובדים בחייהם.

כל הזכויות שמורות

© כל הזכויות שמורות למחבר
הרב דויד צבי ואן דר ולדה

ספר זה וכל חלק ממנו, לרבות העיצוב, המבנה, הסדר, הטקסט, האיורים, התמונות והתרגום, מוגנים בזכויות יוצרים.

אין להעתיק, לשכפל, להקליט, לתרגם, לאחסן במאגר מידע, להפיץ או לשדר כל חלק מן הספר – לא באופן אלקטרוני, אופטי, מכני, צילום או בכל דרך אחרת – ללא קבלת רשות כתובה ומפורשת מראש מן המחבר.

כל הזכויות, לרבות זכויות ההוצאה לאור, השמורות למחבר, חלות בכל מדינה שהיא. הפרת זכויות יוצרים מהווה עבירה על החוק ועלולה לגרור הליכים משפטיים.

הספר נכתב ונערך באהבה ובאמונה, במטרה לקרב לבבות ולהאיר נשמות, וכל שימוש בו נועד ללימוד אישי ולצמיחה רוחנית בלבד.

אין לעשות בו שימוש מסחרי מכל סוג ללא היתר בכתב מן המחבר.

הוצאה לאור:
גילוי האמונה / Home Safe Home Books

ADRESS: 72 FOXWOOD RD

LAKEWOOD NJ 08701

דוא״ל לפניות והרשאות: homesafehome613@gmail.com

TELEPHONE 1 917 681 5189

תשפ״ה – 2025 ©

תוכן העניינים

נושא	עמוד
פיתוי: גאווה ורדיפת כבוד	7
השיחה הטלפונית בחצות	10
השיק שלא חזר	13
נסיעה למונסי	
חוזה שלא נחתם	21
הגדר שנעלמה	24
מבחן שהגדיר אותו	28
הבחינה שהגדירה אותו	32
שיר בחדר בית־החולים	37
הרב והגנב: סבלנות שמחוללת שינוי	46
משקל מילה אחת: כוח הדיבור (שמירת הלשון)	51
ארנק האבוד: יושר מעבר לניסיון	54
המעיל על הדרך: חסד בלי גבול	57
הכיסא השבור: ענווה שבכבוד	60
ככר האלמנה: הכרת הטוב בעוני	63
הכסא הריק: רחמים גוברים על כעס	66
החוב הנשכח: משקל היושר	69

הגשם שלא בא: אמונה בעונת היובש	72
החנות הסגורה: אמונה ושבת	75
הנר בסערה: להחזיק באמונה	78
העריסה הריקה: אמונה דרך הדמעות	81
ידיו של הרופא: אמונה בחולי	84
הדרך לשום מקום: אמונה בגלות	86
המטבע האחרון: אמונה בפרנסה	89
מזמורו של החייל: אמונה בסכנה	92
גשר האמונה: אמונה במעבר	94
החייל הבודד – קורבנו של ארל	96
בשישה ימים השתנה העולם לנצח	104
מלחמת יום הכיפורים	114
גשר האמונה: אמונה במעבר	124
המטבע האחרון: אמונה בפרנסה	127
הישיבה במשבר	129
הילד שבישל את אמונתו	131
על המחבר	134

פיתוי: גאווה ורדיפת כבוד

הנאום שלא נישא

"עֵקֶב עֲנָוָה יִרְאַת ה', עֹשֶׁר וְכָבוֹד וְחַיִּים." (משלי כ"ב:ד')

כאשר הסתיימה בניית בית הכנסת החדש ברחוב סידר, החליטה הקהילה לערוך טקס חנוכה חגיגי. דלתות הארון הבריקו בלכה אגוזית, ואותיות "שמע ישראל" זהרו בנחושת מבהיקה. כיסאות מתקפלים סודרו בשורות ישרות, ובאוויר כבר ריחף ריח הקוגל שממתין באולם.

כמעט חודש ימים התווכחו חברי הוועדה מי יישא דברים ראשון. לבסוף הוסכם – הרב מאיר הוא שידבר; האיש שנשא על כתפיו את כל האחריות: ניהל את גיוס התרומות, פיקח על הבנייה, והרגיע כל סערה בדרך.

הוא הכין את דבריו בקפידה: כיצד בית כנסת הוא יותר מאבנים, כיצד כל תרומה היא לבנה בנצח, ואיך השכינה ממש תשרה כאן. בין דפיו שילב פסוק מתהילים וסיפורים מרבו.

בבוקר החנוכה חבש את מגבעתו הטובה ביותר, נישק את ילדיו ויצא אל רחוב סידר. שכנים בירכו אותו בחיוך: "רבי, היום זה היום שלך!" כל מילה הניחה אבן קטנה נוספת לערמה של גאווה בליבו. הוא ניחם את עצמו: אולי אין בזה כל חטא – הרי שנים השקיע לבנות את הבית הזה.

ההחזבה

רגעים לפני פתיחת הטקס, פנה אליו יושב הראש בלחישה: "רבי מאיר, חשבנו שנכון שהראשון שידבר יהיה ראש העיר – לכבוד העיר, קצת כבוד מדיני. חמש דקות בלבד."

הרב מאיר הנהן, אך משהו חד דקר בליבו. ראש העיר? אדם שכמעט אינו דורך בבית הכנסת, אלא כשמצלמות מגיעות? לשים אותו לפני דברי תורה ותודה לריבונו של עולם?

הוא שכנע את עצמו: בסך הכול חמש דקות.

אבל ראש העיר דיבר עשרים. על "מרכזים קהילתיים", "שיתופי פעולה", ואפילו על "ערך הנדל״ן". הקהל מחא כפיים בנימוס. הרב מאיר הרגיש אבן לוחצת על חזהו.

ואז יושב הראש שוב ניגש: "ועכשיו, לפני שרבנו היקר יישא דברים, נזמין את פטרוננו האהוב, מר לוין, שבזכות נדיבותו נבנה הבית הזה."

מחיאות כפיים סוערות. מר לוין, גבוה ויציב, עלה אל הבמה. דיבר על מורשת, על משפחה, על בניין לדורות. שיתף באנקדוטות של קבלנים ובבדיחות שהקהל קיבל בצחוק. האולם רעד מצחוק.

כשסיים סוף סוף, האולם סער באנרגיה. יושב הראש רכן לעבר הרב מאיר: "סליחה – נגמר הזמן לפני מנחה. תדבר אחרי התפילה, בסעודה."

הבחירה

הרב ישב, דרשתו מקופלת בכיסו, ליבו דופק בחוזקה. הוא יכול היה לפרוץ. הוא יכול היה לקום ולומר: "רגע – לפני מנחה, נשמע דבר תורה." כנראה איש לא היה עוצר אותו.

אבל אז שם לב למשהו אחר.

בשורה האחורית ישב ילד בן כשתים עשרה, עיניו פקוחות, ידיו שלובות. שפתיו רחשו חרש, כאילו חזר על משהו. ואז קרא בשמו יושב הראש: "משה׳לה, תעלה להוביל אשרי."

הילד קם, רועד, ולראשונה בחייו הוביל את הציבור בתפילה. קולו נשבר פעם אחת, אחר כך התחזק, והחדר התמלא בניגון תמים. אנשים עודדו אותו. אביו בכה מהתרגשות.

ורב מאיר הבין.

הבמה הזו לא שלו. הכבוד שייך לה׳. והיום, הכבוד התבטא בכך שילד הוביל לראשונה את אשרי.

הוא הניח למחשבה לשקוע. נשאר דומם, עונה על התפילות בכוונה. הדרשה נשארה בכיס, כמו מכתב שאדם בוחר שלא לשלוח.

אחר כך

בסעודה ביקשו ממנו לומר כמה מילים. הרב מאיר קם ודיבר בקצרה:

"חברים, בנינו קירות, אבל התפילות שלכם הן שיהפכו את המקום הזה לבית לשכינה. היום, כשלבחור הצעיר ניתן להוביל את אשרי, האמנתי שיסודות בית הכנסת הזה באמת ננעצו."

שררה דממה, עמוקה ממחיאות כפיים. ובדממה הזו, הרב הרגיש משהו נעלה מכבוד. הוא הרגיש חירות.

הלקח

לפעמים הכבוד הגדול ביותר אינו מלעמוד על הבמה, אלא מלעשות צעד אחורה ולאפשר לאחרים לזרוח. חכמינו לימדו: "הבורח מן הכבוד – הכבוד רודף אחריו."

בערב ההוא חזר הרב מאיר הביתה מבלי שנשא את דרשתו—

אבל עם לב מלא שלווה.

השיחה הטלפונית בחצות

קדושים תהיו כי קדוש אני ה' אלוקיכם."״

(*"היו קדושים, כי קדוש אני ה' אלוקיכם."* (ויקרא י"ט:ב'

הדממה שלפני הסערה

יונתן, בן שלושים ואחת, עמל לילות ארוכים כרואה חשבון במנהטן. בעיני עמיתיו נתפס כאיש אמין, חד במספרים ושקט בישיבות. אולם מאחורי דמות זו הסתתרה בדידות מעיקה, שהחלה לכרסם בו עם שקיעת אורות המשרד ועם עלייתה של העיר החיצונית – עיר של ניאון מפתה והבטחות ריקות.

ברכבת הלילית שב והפליג אל דירתו הצנועה בפלטבוש, שם המתינו לו מדפים עמוסי ספרי ישיבה, פלטה עם שיירי חמין, ודממה כבדה כעופרת.

הפיתוי

באותו לילה, סמוך לחצות, נשמעה פתאום רטטת הטלפון. המספר היה מוכר: חבר ילדות מימי הישיבה, אשר מזמן התרחק מתורה ומצוות.

"יוני, אני בברוקלין הלילה. רוצה להיפגש? סתם בר קטן, לא משהו מיוחד."

יונתן היסס. שיחת חברותא כבר נקבעה, אולם ליבו היה עייף. ההזמנה פגעה במיתר נעלם בנפשו – הכמיהה להיות רצוי, לשכוח לרגע את כובד חייו, להתמסר ללילה חסר־דאגות.

המאבק

עיניו נעצו בטלפון. דברי חז״ל עלו בזיכרונו: *"אין אפוטרופוס לעריות"* – אין אדם חסין מן הפיתוי. קול רבו שב והדהד: *"תאווה אינה נכבית בשלילה; יש להפנות את הלהבה אל מקום ראוי."*

הוא פתח את המקפיא, שלף גלידה וישב על הספה, כף בידו, מבקש להטביע את קריאת היצר במתיקות. אך היצר הערים עליו ולחש: "מדוע תמיד עליך להיות החזק? מי יידע אם תסטה פעם אחת?"

שוב רעד הטלפון. הפעם הודעה:
"עברו שנים. בוא ניפגש. אני מול ביתך בעוד עשרים דקות."

חזהו נכבש בלחץ כבד. הוא הציץ מן החלון – ואמנם, בקצה הרחוב עמדה מכונית, וממנה בקעה מוזיקה חנוקה.

נקודת המפנה

באותה שעה עלו לנגד עיניו דמויות אהובות. אחיו הצעיר, עודנו בישיבה, אשר לעיתים כתב לו בלילות: "איך אתה מחזיק מעמד, יוני?" הוריו, אשר תמיד הציגוהו בגאווה בשמחות: "בננו יונתן – עובד בעיר הגדולה, ועם זאת בן תורה נאמן."

והוא חשב גם על עצמו – לא על האיש הבודד והמותש שעל הספה, אלא על הבחור שעמד פעם עם שחר ליד הכותל, מצחו צמוד לאבן ולחישה בפיו: *"ריבונו של עולם, תן לי להיות שלך."*

הכף הונחה בצד. ידיו רעדו. הוא אחז בטלפון וכתב:
"אינני יכול הערב. אני באמצע עניין חשוב. מאחל לך כל טוב."

שלח את ההודעה בטרם יתפוגג אומץ לבו.

המכונית המתינה עוד רגע בדומיה, ואז התרחקה, והמוזיקה הלכה ונחלשה.

ההשלכות

הדירה נבלעה בדממה מעיקה. יונתן פסע הלוך ושוב, ליבו פועם בערבוביה של הקלה על הניצחון וצער על מחיר הבדידות.

ואז נשמע צלצול מוכר: המחשב הנייד. החברותא מירושלים על הקו.

"יוני! עוד ער? נלמד יחד סוגיא בקידושין."

יונתן התיישב, פתח את הגמרא, וכאשר האותיות המוכרות מילאו את עיניו, חמימות פשטה בליבו. הדממה לא הייתה עוד ריק, אלא התמלאה בדברי נצח.

אותו לילה, בטרם נעצמו עיניו, לחש חרש:
"קדושים תהיו כי קדוש אני."

ולראשונה מזה שבועות – האמין בכך גם על עצמו.

הלקח

שליטה עצמית אינה זוהרת, אינה מותירה עדות או מחיאות כפיים. אך דווקא בחדרי הלב הנסתרים נכתבים הפרקים הגדולים ביותר.

חז״ל לימדו: *"בכל יום יצרו של אדם מתגבר עליו... ואלמלא הקדוש ברוך הוא עוזרו – אינו יכול לו."* (ברכות ה׳ ע״א)

בחצות ההיא מצא יונתן את הסיוע האלוקי – לא ברעש, לא בפיצוץ זיקוקים, אלא בהחלטה חרישית; באומץ לומר "לא" כאשר איש אינו מביט.

השיק שלא חזר

הַבּוֹטֵחַ בַּה' חֶסֶד יְסוֹבְבֶנּוּ.""

"הבוטח בה' – חסד יסובבנו." (תהילים ל"ב:י')

המאבק

משה קליין ישב אל שולחן המטבח בבורו־פארק. מנורת התקרה זמזמה חרישית, וערימת החשבונות הבלתי־משולמים השתרעה לפניו כחיילי אויב הערוכים למתקפה. שכר הדירה היה אמור להיפרע בתוך יומיים; שלוש דרישות תשלום שכר לימוד משלוש ישיבות שונות נערמו זו על גבי זו; ומעל כולן התנוסס המעטפה של חברת החשמל, חתומה בחותמת אדומה: *התראה אחרונה*.

הוא שפשף את מצחו ולחש:
" "ריבונו של עולם, אינני יודע עוד איך להמשיך.

כבר חודשים שחנות הברגים והחומרי־בניין הקטנה שלו מדממת. תחילה נפתחו סניפים של רשתות גדולות בסביבה; אחר כך הציפה סופה את המרתף והשחיתה את הסחורה. הביטוח כיסה אך מעט. לילותיו עברו עליו בחישובי מספרים אינסופיים, ובכל בוקר קם עם אותו בור במעיים.

אך הלילה היה קשה מכולם. הוא זה עתה רשם שיק לבעל הבית, ביודעו שאין די כסף בחשבון לכסותו. אלא אם יתרחש נס, השיק יחזור – ויחד עמו תתרסק שארית כבודו.

היאוש

רבקה, אשתו, נכנסה חרש. היא הניחה כוס תה חמה ליד מרפקו.
"משה," אמרה ברוך, "תמיד אתה אומר לילדים: *גם זו לטובה*. האם עדיין אתה מאמין בזה?"

הוא רצה להנהן, אך פניו נטמנו בכפות ידיו.
" "אני מאמין," לחש, "אבל אינני רואה זאת. נדמה לי שאני מאכזב את כולם.

היא לחצה על כתפו בעדינות.
" "אתה לא נכשל – אתה מתנסה. וזה הבדל גדול.

לאחר שהלכה לישון, נותר משה יושב ליד השולחן כזַקיף מותש. חצות חלפה. בשעה אחת אחר חצות פתח את ספר התהילים, ועיניו נפלו על הפסוק: *"השלך על ה' יהבך והוא יכלכלך."* הוא קרא אותו שוב ושוב, עד שהמילים הפכו מתווים על הדף למרפא בתוך לבו.

בלחש אמר:
"ה', אינני רואה כלים, אינני רואה מספרים. אבל אני נותן לך את המשא. אם תרצה שאשרוד – אשרוד. ואם לא – אף על פי כן אקרא לך טוב."

ובאותה מסירה, שהייתה יותר אקט של ויתור מאשר של חישוב, עצם סוף סוף את עיניו.

נקודת המפנה

למחרת בבוקר גרר את עצמו לפתוח את החנות. המדפים נראו דלים, הקירות ריקים. הוא סידר קופסאות מסמרים רק כדי להיראות עסוק. בעשר בדיוק נכנס גבר זר, גבוה, לבוש חליפה, ותיק קלסרים בידו.

"אתה משה קליין?"

משה נדרך.
"כן."

האיש חייך.
"אני מחברת בנייה בצפון. אנחנו משפצים פנימייה ישנה. אנחנו צריכים ציוד בניין בכמויות גדולות: צירים, מנעולים, ברגים, צבעים. חבר המליץ עליך, אמר שאתה אדם ישר".

משה מצמץ בתדהמה.
"בכמויות?"

האיש דפדף במסמכים.
"אנחנו רוצים לפתוח אצלך חשבון כבר היום. ההזמנה מוערכת בשלושים אלף דולר".

רגליו של משה כמעט קרסו. הוא גמגם:
"אנחנו... נוכל לעמוד בזה".

עד הצהריים ההזמנה נסגרה והפקדון הועבר. משה התקשר לבנק: השיק לבעל הבית יכובד. ולא רק הוא, גם חשבון החשמל.

התוצאות

אותו ערב שב משה אל אותו שולחן מטבח. החשבונות עודם מונחים עליו, אך הפעם ביניהם גם אישור הפקדה, כנס הדגל בין דפי ייאוש. הוא אחז בידה של רבקה ולחש: "צדקת. המבחן לא היה במספרים – אלא ביכולת להחזיק מעמד עד שתבקע האורה".

רבקה חייכה.
"תמיד הכי חשוך – ממש לפני שחרית."

ההרהור

הייאוש מפתה. הוא לוחש לנו שאנו בודדים, נעזבים. אבל אמונה איננה ראיית הישועה מראש, אלא הידיעה שהאחד שנשא אותך עד כה – לא יפיל אותך עתה.

השיק לא חזר – לא משום שהמספרים השתנו באורח פלאי, אלא משום שה' כבר הכין את הישועה, ממתינה לרגע שבו בחר משה באמון על פני ייאוש.

הערת מקור

עברית:
("הַבּוֹטֵחַ בַּה' חֶסֶד יְסוֹבְבֶנּוּ." (תהילים ל״ב:י׳))

תרגום:
("הבוטח בה' – חסד יסובבנו." (תהילים ל״ב:י׳))

הנסיעה למונסי

"עוֹלָם חֶסֶד יִבָּנֶה."
(תהילים פ״ט:ג׳)

ההכנות

ערב שבת בלייקווד, בסתיו המאוחר. הרחובות פקוקים, צפירות הרכבים מהדהדות כשופרות חסרי סבלנות.

מוטי כהן, עייף משבוע עבודה מתיש, סגר את דלת המיניוואן לאחר שהעמיס את המזוודות שארזה אשתו בקפידה, מגשי הקוגל עטופים בנייר כסף, וחמישה ילדים מתפתלים בכיסאות בטיחות. פניהם מועדות למונסי — שבת אצל הוריו, ביקור שכבר חודשים לא התקיים. אמו הזכירה לו שוב ושוב: *"אבא מתגעגע לילדים. תבואו."*

בלבו התעורר געגוע לשלווה: להגיע מוקדם, להניח את המזוודות, ולנשום את ריחה המוכר של חלת אמו.

כשפנה לרחוב 9, הבחין בגבר עומד בפינת הדרך. אדם בגיל העמידה, כובע שחור נטוי, מזוודה קטנה בידו. עיניו סרקו את המכוניות החולפות במבט של מי שמתפלל חרש לנס של טרמפ.

מוטי הביט בשעון: 14:17. השקיעה — ב-16:29. התנועה הכבדה הפכה כל דקה לקריטית.

גם אשתו ראתה.
"אל תעצור, מוטי. נאחר."

ידיו התהדקו על ההגה.
" "הוא נראה אובד עצות.

"יש לנו את הילדים. האוכל יכול להתקלקל. הבטחת להורי שנהיה בזמן."

האיש הרים יד כשמיניוואן התקרב — מחווה של ייאוש ותפילה גם יחד.

המאבק הפנימי

רגלו של מוטי ריחפה בין דוושת הגז לבלמים. קול פנימי לחש לו: *"מישהו אחר יעזור לו. אתה כבר נתת צדקה השבוע, עבדת קשה. אל תסכן את השבת בשביל זר."*

אך קול אחר הדהד: *"ומה אם לא יגיע אחר? מה אם דווקא אתה השליח? מה אם רבונו של עולם הציב אותך כאן ברגע הזה בדיוק?"*

הוא הביט בילדים שכבר התנועעו בחוסר מנוחה. חשב על הדרך הארוכה, על המתח שבהגעה באיחור. ואז שב ושמע בזיכרונו את קול אביו: *"מידתו של יהודי אינה נמדדת במה שהוא יודע, אלא באופן שבו הוא מתייחס לאדם שהקב״ה מזמן לו בדרכו."*

הוא לחץ על הבלמים. הרכב האט אל המדרכה.

נקודת המפנה

האיש התכופף אל החלון, נשימתו הפכה לאדים קרים.
"אני חייב להגיע למונסי לשבת. האוטובוס בוטל. אולי תוכלו...?"

ליבו של מוטי צנח. מונסי. בדיוק אותה יעד. כאילו השמים עצמם רקמו את העלילה.

"בוודאי," השיב מפתיע גם את עצמו. "עלה."

האיש נדחק בין כיסאות הילדים מאחור, מלמל "*תזכה למצוות*" ועצם עיניו באנחת רווחה.

הפקקים התעבו סמוך לפארקוויי. הילדים התרוצצו במקומותיהם. אשתו שתקה; אולי מאוכזבת, אך לא מוכיחה. לאחר זמן מה החל הזר לדבר בקול שקט. סיפר שהוא מלמד, בדרכו לבקר את אמו החולה במונסי. קולו נחנק כשנקב בשמה.

ברכב השתררה דממה. אף הילדים חוו את כובד דרכו.

אחרית דבר

הם הגיעו למונסי דקות לפני הדלקת הנרות. האיש ביקש בכל תוקף לשלם על הדלק. מוטי סירב. במקום זאת ליווה אותו עד פתח ביתה של אמו — דירה קטנה, מזוזתה מבריקה מנשיקות. פניה של הזקנה זהרו למראה בנה.

כששב מוטי אל הרכב, אחזה בו תחושה שלא ציפה לה. אכן, היה עייף. אכן, הם התקרבו לשבת ברגע האחרון. אך בתוכו חש קלילות, כאילו המיניוואן לא נשא נוסע נוסף בלבד — אלא את השכינה עצמה.

בבית הוריו קידם אותו אביו בחיבוק רחב. כששיפר מוטי את אשר אירע, הסתפק אביו במילים פשוטות:
"לא הפסדת זמן. קנית נצח. "

מחשבה

חסד דורש לעיתים קרובות ויתור — על זמן, על נוחות, על סדר יום. האגו לוחש: "*לא עכשיו, אולי אחר כך*." אך חסד שנעשה עכשיו הוא יסודו של עולם. לעיתים, מעשה קטן של התבטלות עצמית אינו רק מושיע את שבת של הזולת, אלא מעלה ומקדש גם את שלך.

פסוק המקור:
("עוֹלָם חֶסֶד יִבָּנֶה." (תהילים פ"ט:ג'

החוזה שלא נחתם

"איזהו עשיר? השמח בחלקו."
(אבות ד׳:א׳)

ההכנות

במשרד זכוכית המשקיף על מנהטן התחתית ישב אבי רוזן רכון על שולחן מהגוני ארוך. החוזה שנפרש לפניו נצנץ כהבטחה. חתימה אחת, ועסק היבוא הצנוע שלו היה מכפיל את עצמו בן-לילה.

מולו התרווח גבר בחליפה מהודרת, חפתים נוצצים, חיוך בטוח על פניו. "זהו שותפות פשוטה, אבי. אתה מייבא, אני מפיץ, והרווחים נחלקים חצי-חצי."

המספרים סינוורו. החובות היו עשויים להיעלם. שכר הלימוד של הילדים, המשכנתא, לחישותיה החרדות של רבקי על חשבון המכולת — הכול נפתר.

אך קרבו של אבי התכווץ. הוא הכיר את האיש הזה, לא מבית הכנסת ולא מחוגים נקיים. שמועות ריחפו סביבו: משלוחים אפורים, חשבוניות שאינן תואמות למציאות, קיצורי דרך החשודים בצללים. לא פלילי על הנייר, אך קרוב מספיק כדי להריח כעשן.

המאבק

אבי ניסה להשתיק את ההיסוס. *חשוב על ההקלה. חשוב על החיוך של רבקי כאשר החשבונות ייעלמו.*

אך קול אחר עלה בתוכו: *כסף הבא בצללים מוליד צללים בתוך הבית.*

הוא נזכר בדברי רבו:
"עסקה שעלותה בשלום הבית או ביושר — איננה רווח אלא רעל."

האיש דחף את החוזה אליו.
"חתום היום. המשלוח הראשון כבר ביום שני. אל תחשוב יותר מדי. כך כולם עושים."

ידו של אבי רעדה מעל העט.

נקודת המפנה

הוא דמיין את הבית שוקע בדממה לאחר השכבת הילדים. פניהם התמימים ישנים. הוא דמיין את עצמו נכנס לחדריהם, בידיעה שהלחם שעל שולחנם קנוי בכסף מזוהם. *האם יוכל להביט בעיניהם ולומר: „אבא עשה זאת בשבילכם"?*

הוא הניח את העט. לאט, בתקיפות.

"אני לא יכול," אמר.

חיוכו של האיש קפא.
"אתה עוד תתחרט. איש אינו מסרב להצעה כזאת."

אבי קם ממקומו.
"אולי. אבל אעדיף להתחרט על אובדן ממון מאשר על אובדן עצמי."

הוא יצא מן המשרד, ליבו דופק, כיסיו ריקים — אך נשמתו שלמה.

התוצאות

השבועות שלאחר מכן היו צרים ומאומצים. אבי לקח עבודות צדדיות, שינע הזמנות בעצמו. בלילות ישבו הוא ורבקי על השולחן, עברו הוצאה אחר הוצאה, בוחרים בדקדוק. ובכל זאת שרתה בבית שלווה מיוחדת — צחוק סביב השולחן, חמימות ביניהם.

כעבור חודשים הופיע לקוח חדש — מפיץ גדול ומכובד שהוקיר את יושרו של אבי. ההזמנות התרבו. לא בגל של עושר פתאומי, אלא בצמיחה נקייה, מתונה ובטוחה.

בערב אחד, כשאבי כיסה את בנו הקטן, שאל הילד:
"אבא, אנחנו עשירים ?"

אבי חייך.
"כן, ברוך השם. יש לנו כל מה שאנו צריכים. "

ובפעם הראשונה חש באמת את עומק דברי המשנה: עושר איננו במה שאדם צובר, אלא בלהיות *שמח בחלקו*.

הרהור

התאווה לוחשת: *עוד* — *וזה יפתור הכול* .
הסתפקות עונה: *מספיק* — *וכבר זכית לברכה* .

ההסתפקות האמיתית איננה עוני, אלא בחירה ביושר ובשלום על פני רווח בכל מחיר.

מקור:
("איזהו עשיר? השמח בחלקו." (אבות ד':א'

הגדר שנעלמה

"בקש שלום ורדפהו."
(תהילים ל"ד:ט"ו)

ראשית הסיפור

ברחוב שקט בעיר פאסאיק עמדו במשך עשרות שנים שני בתים זה לצד זה. בבית האחד התגורר הרב פרידמן, רב ותיק שפרש לגמלאות, אשר טיפח בגינתו שיחי ורדים אדומים, מסודרים בשורה צמודה לגדר המפרידה.
בבית הסמוך התגורר מר אדלר, איש עסקים צעיר יותר, שביקש לחדש את חצרו: דק עץ חדש, נדנדה לילדים, ולבסוף – גדר גבוהה וחדשה שהבטיחה פרטיות.

תחילה לא הבחין פרידמן בשינוי. אולם יום אחד, בשעה שגזם את שיחי הורדים, הבחינו עיניו כי גבולות הקרקע אינם תואמים עוד את הסימנים הישנים. הגדר החדשה חדרה פנימה, אל תוך נחלתו.

ילדיו לא שתקו:
— "טאטי, אינך יכול לוותר על כך. הזמן מודד קרקע, הבא עד לבית הדין. מדוע שתאבד את שלך?"

בלבו בערה תחושת עוול צורבת. לא מדובר היה רק בכמה טפחים של אדמה; היה זה ביטול עמל של שני עשורים – השקיה, גיזום, שמירה. כיצד יכול אדם פשוט ליטול מבלי לשאול?

המאבק הפנימי

אותו שבת, התקשו מילות התפילה לעלות בלבו. דמיונו הוליך אותו אל ויכוחים עזים: הוכחות משפטיות, טענות נוקבות, ניצחון ברור. ראה בעיני רוחו את הגדר נופלת ואת הוורדים שוב נושמים לרווחה.

ואולם כאשר הגיע לתפילת *עושה שלום*, ננעצו המילים כבחץ בלבו: **השלום איננו נבנה באולמות דין; הוא נזרע כמו ורדים, ומושקה בענווה.**

חזר ונזכר בדברי חז"ל: *"הוותר לשם שלום – מתרומם הוא מעל המחלוקת."* והד קלוש אך בהיר נשמע בו מקול רבו: *"לעיתים החלקה שאתה מוותר עליה כאן – היא החלקה שמזכה אותך בחיי עולם הבא."*

אך האם יימצא בו הכוח לוותר?

נקודת המפנה

ביום ראשון אחר הצהריים דפק פרידמן על דלת שכנו. אדלר פתח את הדלת בפנים קפואות, נכון לעימות.

אך להפתעתו ניצבה מולו דמות של רב ותיק, חיוך מתון נסוך על פניו.

"שמתי לב," אמר פרידמן ברוך, "שהגדר ניצבת מעט בתוך שטחי. ייתכן שעל פי — דין היא שלי. אולם דע לך: אם הדבר מוסיף ביטחון לילדיך ומרחיב את חצרכם – הנח לה. לי די במה שיש בצד שלי."

עיניו של אדלר התרחבו.
"כבוד הרב... אתה רציני? לא תפנה לרבנים? לא תתבע אותי — ?"

פרידמן הניע בראשו לשלילה.
— "עדיף שנהיה שכנים טובים מאשר יריבים מרירים. רצוני שילדינו יאמרו 'שבת שלום' זה לזה, ולא יפנו את פניהם."

פניו של אדלר האדימו מבושה.
— "רב פרידמן, לא ביקשתי לעשוק אותך. הקבלן פשוט טעה במדידה. אני עצמי אורה להזיז את הגדר חזרה."

אך פרידמן הרים את ידו בתנועה שקטה.
"— "אין צורך. השאר אותה במקומה. העיקר הוא השלום.

התוצאה

שבוע לאחר מכן הופיע אדלר בפתח עם ילדיו, נושא מגש עוגה לשבת.
"— "עבור השבת," אמר מהוסס, "ותודה... תודה על הכל.

חלפו חודשים ושנים, והיחסים בין שתי המשפחות פרחו. הילדים שיחקו זה עם זה, הכדורים התגלגלו בין החצרות בלי חשבון, ושיחי הורדים של פרידמן נשענו ברכות על גדר העץ – כאילו מצאו בה ידיד ותיק.

בשנים המאוחרות, כאשר נסתלק הרב פרידמן לבית עולמו, עמד אדלר בהלווייתו ובכה.
— "הוא לימדני מהו שלום אמיתי," אמר לבניו. "הראה לי כי להפסיד אדמה אינו הפסד כלל, לעומת הרווח שבזכייה בשכן."

מחשבה מסכמת

המחלוקת מצמצמת את העולם. השלום מרחיבו. לעיתים אין השלום מושג על ידי פשרה, אלא על ידי ויתור גמור – על ידי שחרור ממה ש"שלי בצדק" למען מה שצודק לנצח.

מקור:
("בקש שלום ורדפהו.") (תהילים ל"ד:ט"ו)

המבחן שהגדיר אותו

שפת שקר תועבת ה׳.
(»שפת שקר היא תועבת ה׳.« משלי י״ב:כ״ב)

ההכנה

שבוע בחינות סופי ירד על אוניברסיטת העיר, והספרייה שיוועה לאוויר. מאות סטודנטים התבצרו מאחורי ערמות ספרים וכוסות קפה, ולחשי דאגה ריחפו כעננים.

בפינה, ישב דוד שטיין. ראשו שקוע בכפות ידיו, מבטו כבוי. המבחן במקרו-כלכלה מחר יחרוץ את גורל מלגתו. בלעדיה, תישמט הקרקע תחת רגליו – שכר הלימוד, שכר הדירה, עצם האפשרות להמשיך בלימודים.

ופתאום – זמזום. הודעה. על המסך נדלק משפט קצר:
"יש לי את שאלות הבחינה. חבר מההנהלה שלח לי. רוצה אותן?"

לבו של דוד האיץ. הוא למד קשה, נכון; אך המרצה נודע בקשיחותו, כמעט אכזרי. אשתו הרי בהריון, החשבונות נערמים, ואביו עדיין מהדהד באוזניו: *"אם תאבד את המלגה – איך תסתדר?"*

הפיתוי קרן מולו כמו גלגל הצלה בלב ים סוער.

המאבק

עצם עיניו. קול פנימי, ערמומי, לחש: *"זו לא ממש רמאות. כולם עושים קיצורי דרך. אתה רק מאזן את המגרש."*

אבל מיד קם קול אחר, עמוק יותר: "אמת אינה מותרות. היא יסודך. אם תמכור אותה עכשיו – על מה תבנה את חייך?"

הוא נזכר בדברי הגמרא (סנהדרין צ"ז ע"א): "חותמו של הקדוש ברוך הוא – אמת." לבחור בשקר, פירושו למחוק את החותם האלוקי מעל חייו.

ועדיין, הפחד אכל בו. הוא ראה בדמיונו את אשתו חובקת את התינוק, את הערימות של החשבונות, את חלומותיו מחליקים מידו.

המכשיר רטט שוב. ההודעה הבהבה:
"נו? רוצה או לא?"

נקודת ההכרעה

דוד הרים את ידיו הרועדות והקליד לאט:
"לא תודה. אני אגש למבחן ביושר."

בטרם נסדקה החלטתו, לחץ *שלח*.

התשובה נורתה מיד:
"כמו שתרצה. אל תגיד שלא הצעתי."

דוד נשען לאחור. מותש, אך קל יותר. חזר אל דפיו, ולחש תפילה חרישית:
"ריבונו של עולם, תן שאצליח ביושר – ואם לא, לפחות תישאר נשמתי שלמה."

המבחן

הבחינה הייתה אכזרית. השאלות התפתלו במסלולים בלתי צפויים, התלמידים יצאו מהכיתה חיוורים ומדוכאים. דוד כתב עד הדקה האחרונה, מסר את מחברתו בכבדות לב, ויצא בתחושת תבוסה.

לא מצטיין, אך מעל הסף. +B. שבועיים חלפו. הציונים פורסמו. לבו הלם בעוז. הנדרש. המלגה – ניצלה.

התוצאה האמיתית

אך השכר האמיתי הגיע רק חודשים לאחר מכן. המרצה – אדם קפדן ובעל עיניים חודרות – קרא לו לאחר שיעור.

‟ — שטיין, אתה אחד הבודדים שאני סומך עליהם. אני יודע שתלמידים העתיקו. אתה לא. זה חשוב לי יותר מציון. חשבת על לימודי תואר שני? הייתי שמח להמליץ עליך.״

דוד יצא מהבניין מהופנט. הוא היה קרוב למכור את יושרו תמורת כמה נקודות. ובמקום זאת, האמת פתחה לו שערים שהשקר לעולם לא היה מסוגל.

מחשבה

השקר מבטיח רווח מיידי, אך חותר תחת הנפש. האמת לעיתים דורשת מחיר, אך היא עוגן לנצח. וכדברי חז״ל: ‟*על שלושה דברים העולם עומד: על הדין, על האמת, ועל השלום.*״ (אבות א:י״ח)

אותו מבחן לא הגדיר רק את עתידו האקדמי של דוד, אלא את עצם מהותו. בבחירה לומר ‟לא״ לפיתוי, חתם בנפשו את הברית העתיקה ביותר: לחיות בחותם האמת.

מקור:
(«שפת שקר תועבת ה'.» (משלי י"ב:כ"ב

הבחינה שהגדירה אותו

"שְׂפַת־שֶׁקֶר תּוֹעֲבַת ה'."'
(משלי י״ב:כ״ב)

א. הלילה שלפני

ספריית האוניברסיטה בעיר לא הייתה עוד מקום של למידה, אלא שדה קרב של סטודנטים מותשים. אורות הפלואורסצנט ריצדו במונוטוניות מעייפת, והריח החריף של קפה זול ורד בכול. מכל עבר נראו מצודות מאולתרות – כוסות נייר מוערמות, שקיות חטיפים מרוקנות, ספרים פתוחים עד בלי די.

דוד שטיין ישב בפינת הספרייה, גבו כפוף, פניו קבורים בין כפות ידיו. לפניו נפרש ים של מחברות מסומנות, טבלאות כלכלה, גרפים ומונחים שנראו לפתע כאותיות מעורפלות. מחר בבוקר – המבחן בכלכלה. לא עוד מבחן שגרתי: הציון הזה יקבע את המשך מלגתו, את האפשרות להמשיך בלימודים, את עצם קיומו.

בבית המתין לו עתיד: אשתו ההרה, תינוק שעומד להיוולד, ערימות חשבונות שמחכות לפתרון. הדממה סביבו התפרצה לפתע ברטט קל – הטלפון הנייד נדלק. הודעה קצרה הופיעה על המסך:

"השגתי את שאלות המבחן. יש לי קשר במנהל. רוצה לראות?"

המסך הזוהר חתך את החשכה. ליבו הלם.

ב. הפיתוי

המחשבה הראשונה הייתה כגץ: *כמה פשוט יהיה. מבט חטוף – והכול נפתר.*

קול פנימי רך ולוחש טפטף: *עבדת קשה יותר מכולם. המערכת לא הוגנת. אחרים יעשו זאת גם. למה שלא תאזן את המגרש?*

אך קול אחר, עמוק יותר, התעורר בו: *האמת איננה ניתנת למיקוח. אם תמכור אותה כאן, מה יישאר ממך לבנות עליו?*

זכרון רחוק צף – קולו של אביו, ערב קר בילדותו: *"האדם נמדד לא במה שלקח, אלא במה שסירב לקחת כשאיש לא הביט בו."*

הטלפון שב לרטוט.
"נו? רוצה או לא?"

ג. המשפט הפנימי

בתוכו התנהל משפט סוער. בצד אחד, סניגור הנואש הציג הוכחות חותכות: שכר דירה ממתין, שכר לימוד מאיים, תינוק שצריך עריסה. בצד השני, עמדת התביעה: שיעורי הרבנים, הזיכרון של בית המדרש, הפסוקים שלמד בעל פה.

היצר לחש באכזריות מתוקה: *"איש לא ידע. לא הפרופסור. לא אשתך. לא ילדיך. מי יפסיד אם תיישר את העוול?"*

אך מיד באה התשובה: *"אם אף אחד לא ידע – אז מי תהיה אתה? מה יישאר ממך בעיני הקב״ה?"*

אגודל רועד מעל המסך. הזיעה זלגה בעורפו. השקט בחדר נעשה חונק.

ד. נקודת ההכרעה

נשימה עמוקה בקעה ממנו, כמישהו שגוזר דינו. הוא הקליד:

"תודה, אבל לא. אעשה את המבחן ביושר."

הקשה על "שלח" במהירות, בטרם ישוב הפחד וישתק אותו.

התשובה לא איחרה:
" "כמו שתרצה. אל תגיד שלא הצעתי.

ושוב – דממה.

דוד הניח את המכשיר בצד כאילו בער בידו. הקלילות המוזרה שהגיעה לאחר מכן הפתיעה אותו. הוא חזר למחברות ולחש בלחש:

"ריבונו של עולם, הצליחני באמת, ואם לא – אכשל באמת. רק אל תעזבני."

ה. מבחן האש

למחרת, באולם הבחינה, שרר אור בוהק ואכזרי. השולחנות סודרו בשורות נוקשות, כל סטודנט יושב מבודד כמי שעומד למשפט. הפרופסור פסע בין השורות כשוטר במצעד אסירים.

דוד פתח את המחברת. דמו קפא. השאלות היו מלכודות של ממש, נוסחו במתכוון כדי לשבור את רוח הבוחנים. סביבו היו תלמידים שכתבו במהירות מחשידה, ואחרים שהחווירו.

ידו רעדה. הוא חישב, מחק, רשם שוב. כל תשובה נראתה כקרש רעוע מעל תהום. זיעה חמה נטפה על הדף.

כשהוכרז הסוף, הניח את מחברתו בערימה ונשען לאחור, מותש כלוחם שמסר חרבו לאחר קרב חסר סיכוי.

ו. התוצאה

שבועות חלפו כעידן. כל יום נמתח עד אינסוף. כל לילה רדף אותו ספק: *אולי הקרבתי את עתידי על מזבח עקשנותי?*

לבסוף הופיעו הציונים. הוא עצר את נשימתו.

B+.

לא מצטיין. לא זוהר. אך די. די להחזיק במלגה. די לנשום.

אך המתנה האמיתית עוד חיכתה.

חודשים אחר כך, ניגש אליו הפרופסור לאחר שיעור. פניו רציניות, עיניו חודרות.

"שטיין," אמר בקול נוקב, "אני יודע מי רימה. רבים עשו זאת. אתה לא. זה חשוב לי יותר מציון. חשבת על תואר שני? אשמח להמליץ עליך."

דוד יצא מהכיתה מהלום. היה כה קרוב למכור את יושרו תמורת כמה נקודות. ובמקום זאת, האמת פתחה בפניו שערים ששקר לעולם לא היה יכול לפתוח.

ז. מחשבה מסכמת

השקר מפתה בהבטחות מהירות, אך פירותיו מרירים ואחיזתו ריקה. האמת דורשת הקרבה – פחד, עמידה, בדידות – אך היא היחידה המסוגלת לשאת עולם ולבנות נשמה.

כדברי חז"ל: *"על שלושה דברים העולם עומד – על הדין, על האמת ועל השלום."* (אבות א':י"ח)

אותו מבחן לא בחן רק את ידיעותיו של דוד בכלכלה. הוא בחן את יסודות זהותו. ובאותה שעה, כשהעדיף יושר על פני הישרדות, חקק בלבו את הציון האמיתי: לא באותיות על נייר, אלא באותיות של אמת נצחית.

השיר בחדר בית־החולים

עִבְדוּ אֶת ה' בְּשִׂמְחָה."
(תהילים ק׳:ב׳)

הפתיחה

חורף כבד ירד על ברוקלין. הרוחות נשבו בין הרחובות הצרים, נושאות עמן צינה חודרת עד העצמות. בחדר הלבן והקר בבית־החולים שכב ר' שלמה, מותש ממחלת דלקת ריאות אשר מצצה ממנו לא רק את כוח גופו, אלא גם את מנגינתו — אותה מנגינה שהייתה חקוקה בנפשם של כל מכריו.

עשרות שנים היה מוכר כשר־השיר של השכונה. בכל שמחה היה מרים קולו, ובכל שבת היה סוחף בזמירותיו. הוא ידע להפוך שולחן סעודה פשוטה להיכל מלא הוד. עתה, כשצינורית מחוברת לידו ומכשירים מבהבים סביבו, נדמה היה כי השירה נלקחה ממנו כליל.

ילדיו באו לבקרו במשמרות. דאגה ניכרה בעיניהם, גם כשניסו להסתיר. פעם לחש לבתו בלילה, בקול חלש שכמעט לא נשמע:

— *אין לי עוד כוח. אפילו להתפלל קשה לי, כל פסוק הוא כמו הר עולה לנגד עיניי.*

היא אחזה בידו, חייכה מתוך דמעות, אך בליבה רעד: האיש שנודע כשׂר השירה — הושתק.

המאבק

בלילה, כשנותר לבדו, הביט בקווי האינפוזיה הזורמים אל גופו. קול פנימי אמר לו: *אולי הגיע הזמן. מה ערכה של נשמה שאינה מסוגלת עוד לשיר?*

יצרו של ייאוש לחש לו: *ותר. חדל להילחם. העולם ימשיך גם בלעדיך.*

אולם במעמקי זיכרונו התעוררו דברי רבו מימי ישיבתו:

שמחה איננה מותרות; היא עצם עבודת ה'. אין היא תולדה של חיים קלים, אלא — היא הכוח המאפשר לשאת את כובד החיים.

הוא עצם עיניו. חזהו כאב, נשימתו קצרה, אך מוחו חיפש מנגינה.

נקודת המפנה

תחילה בקע מפיו זמזום דק, רועד, כמעט שאינו נשמע. אך מתוך השבר נולדו צלילים. אט-אט התגבש הניגון, והיה זה אותו שיר קדום: *"כל העולם כולו גשר צר מאוד, והעיקר לא לפחד כלל."*

האחות שנכנסה לבדוק את המכשירים עצרה בפליאה. בתו, שחזרה בידיה עם כוס תה חם, נעצרה בפתח הדלת, עיניה קרועות מתדהמה.

הקול אמנם נסדק, אך היה בו ניצוץ חיים.

ביד רועדת סימן לה אביה להתקרב.

— *שירי עִמִּי*, לחש.

בתחילה הצטרפה בקול חנוק מדמעות, אחר כך גבר קולה. גם האחות, שלא הכירה את המילים, הרשתה לעצמה להצטרף בלחן. החדר הקטן התמלא באור חדש — שמחה שברירית אך עיקשת, המאתגרת את הצינה והכאב.

ההמשך

עד שבת כבר נפוצה השמועה במחלקה. בני משפחה, שכנים וחברים התקבצו סביב מיטתו. זמירות שבת הדהדו בין הקירות הלבנים, והחדר נהפך למקדש מעט.
הרופאים הרימו גבה — יש שטענו שמוראל מחזק מערכת החיסון. אך מי שנכח ידע: לא הרפואה דיברה כאן, אלא נשמה שסירבה להיכנע.

כעבור שבוע מצבו השתפר. נשימתו נרגעה, והוא שוחרר לביתו. בשבת הראשונה חזר להוביל את ברכת המזון, דמעות זולגות על לחייו.

הייאוש כמעט הכריעני, סיפר למבקריו. *אך השמחה — גם כשהיא שבורה, גם כשהיא נלחשת — גירשה אותו. הקב״ה איננו זקוק לקולות מושלמים; הוא מבקש לבבות מוכנים.*

מחשבה למעמיק

העצבות מכלה את הנפש, ואילו השמחה מחייה אותה. אין השמחה שלילת הסבל אלא התרסה נגדו — הכרזה כי גם בתוך שבר, ה' הוא שירנו.

כדברי הרמב״ם (הלכות לולב ח:טו):
"השמחה שישמח אדם בעשיית המצוה ובאהבת הא־ל שציווה בהן — עבודה גדולה היא."

וכך, מתוך חדר בית־חולים קפוא, בקע ניגון דק שידע להפוך חולשה לכוח, ומחלה — להצהרה על חיים.

השחר בשוק

הסמטה שמאחורי השוק הקיצה עוד בטרם הנץ החמה. תחילה הופיעו הריחות – לחם שמרים מתפיח מן התנור האבן של האופה, תאנים שנמעכות ברכות בסלים, חבל לח וחרסית רטובה. אחר כך הקולות – חריקת גלגלי העגלות, נחירתה הסבלנית של פרדה, זמזום אשה שפורשת פשתן. ובאותה שעה אפורה, שעה שבה העולם חשוף ואמיתי, יצחק – איש צר־כתפיים – נשא על גבו שני כדי מים ויצא לדרכו היומית אל המעיין.

הלך בזהירות, כדרכו של מי שנושא על גבו לא רק פרנסה אלא גם כבוד עצמי. העול חרק כידיד עייף. בקצה השמאלי השתלשל כד חרס בריא, מצופה בקש; ובצד הימני – תאומו, אלא שעל דפנו נסדקה סדק דקיק, כקשת חיוורת הנמשכת מן השפה ועד הבטן.

לפני חודש הבחין בבקיע. בתחילה העמיד פנים שאינו רואה. היה מסובב את הכד לכאן ולכאן, מחפש זווית שתיראה כעורק שיש. אך בכל בוקר, בדרכו חזרה מן המעיין, נמשכה על החרס שורת לחות כהה, וטיפת מים זלגה ונשרה שוב ושוב, מותירה עקבות לחות על הדרך – כצעדי יצור זעיר ובלתי־נראה.

"יצחק," קרא האופה עם שחר, בעודו דוחף ככרות אל פיו הלוהט של התנור, "כדך בוכה שוב."

חייך יצחק והרכין את העול.
"זה כד רגיש," אמר. "מתגעגע ללחם שאין בכוחו לטעום."

שניהם צחקו, אך הצחוק לא הגיע אל המקום שבו ישבה הדאגה בלבו ככתב אטום שלא נפתח. חצי מן המים הגיעו עתה אל בור המים שעל הגבעה. חצי שכר. ושכר הדירה של החדר – לו ולאמו – הפך חד כתער, כשחייכה נשחקת יותר מדי זמן.

כובד החוב

המעיין שכן מחוץ לחומות העיר, כטבעת כסף בכף סלע. הדרך פיתלה בין גדרות אבן נמוכות, שעצרו מעט אדמה עיקשת ובה שיחים קוצניים. מדי בוקר באו אותם אנשים: גוזם הגפנים בידיים מצולקות; האלמנה שמכרה עשבים וברכה אף את האבנים; ילדים יחפים בלשונות רצות; ויצחק, בשני כדיו, ממלא אוזניו תפילה בצעדיו.

היה לוחש *מודה אני* בצעדיו הראשונים, ושומר את *האַשְׁרֵי* לעלייה בגבעה – נעזר במילים כמקל תמיכה. אך באותו יום שבו שלח בעל הבית את אחיינו לגבות, הרגיש כאילו הגבעה גבוהה מסיני.

שוב דחית את התשלום," אמר האחיין בעומדו בפתח, מסלק אבק מזקנו בקצה " מטבע. לא אכזריות, רק עסק – אבל עסק עלול להיות אכזרי עוד יותר.

אשלם בעוד יומיים," אמר יצחק".

"כך אמרת גם בשבוע שעבר."

יצחק הביט פנימה, אל אמו הישנה, מטפחתה נפולה על עין אחת. חשב על הסדק בכד, שבזבז חצי משבועו. "יומיים," חזר ואמר, והאחיין משך בכתפיו ויצא, נושא עמו את שארית החום.

השביל הפורח

למחרת בבוקר היה המעיין הומה. ערמת רימונים התהפכה על הקרקע, אדומה כפצע. יצחק מילא את שני הכדים, קשר את פיותיהם בחבל והתחיל לטפס. החום בא מוקדם, ככף יד על החזה השואלת שאלות. הכד השמאלי הזיע בריא; הימני עשה כדרכו – הזיל דמעות סבלניות.

בהגיעו אל הבור, היה הכד הימני קל כחרפה. מסר מה שהצליח, קיבל את המטבעות שהפקיד ספר בכפו בלי להביט. כשפנה ללכת, חסם דרכו זקן, פניו כמגילת קלף מקומטת. לבוש היה גלימת מלמד וחיוך סב שמחל לכל נערותיהם של בחורים.

"כדך הימני נוזל," אמר, כאילו מבשר לידה.

"יודע אני," השיב יצחק. "חוסך אני לקנות חדש."

"הממ," הנהן הזקן, מצביע על הדרך. "בוא, נלך יחד."

צעדו בדממה, העול גונח ביניהם כערש. בעיקול השביל, סמוך לערוגות, נעצר הזקן והצביע לימין.

"הבט."

אז ראה יצחק: השוליים הימניים פרחו בפרחים זעירים – סגולים ביישנים וצהובים עליזים – עשב עבה כראש תינוק לאחר חורף. בשמאל, שם התלווה תמיד הכד השלם, לא נותר אלא אבק וקוצים ומעט עשבים עקשנים שחיו על תפילות בלא אמונה.

"אינני מבין," אמר יצחק.

"כדך מדמם," הסביר הזקן ברוך, "והאדמה שותה. אל תהיה נחפז מהקב״ה להכריז על דבר כ'בזבוז'. לעיתים מה שנוזל ממך שלא ברצונך, משקה שדות שלא ידעת על קיומם."

גרונו של יצחק, שהיה כגדר כל השבוע, נהפך לפתע לשער.

מבחן הסערה

בימים הבאים המשיך למלא, לטפס, למסור... ולהקשיב. המלמד היה לפעמים נוכח ולפעמים לא, אך דבריו ליוו תמיד. כנגד הדאגה החל להודות על דברים קטנים: על טיפת מים המכהה עפר לנקודה שחורה; על חבל המשתחרר כששרים לו; על חיוכה של אמו בשנתה.

תודה אינה משלמת שכר דירה. אך היא מחממת ידיים שסופרות מטבעות.

ביום האחרון של החודש הקדים רוח סערה, שעטף יריעות בשוק בקיללות ובצחוק. יצחק, שעיכב עצמו לעזור לזקנה לשאוב מן הבאר, הגיע אל המעיין כששמיים כבר התקדרו. מילא את כניו והחל לעלות כשהטיפות הראשונות – גדולות כהבטחות – נקשו על הדרך.

בעיקול הצר ביותר נבהלה פרדת הגוזם. גלגלים החליקו, העגלה נטתה אל התהום. צעקת הגוזם בקעה כענף נשבר. אינסטינקט גבר על מחשבה – יצחק השליך את עולו, זינק והצמיד כתפו לדופן העגלה. שריריו כחבלים, נשימתו קרועה, אך משקלו – פעוט כפי שסבר – הספיק לעכב את הנפילה. אחרים רצו, ידיים נוספו, הפרדה נרגעה. העגלה התייצבה, והגוזם קרס בבוץ וצחק כמי שמצא טבעת אבודה מימי ילדותו.

"הצלת את גפני ואת עצמותי," אמר, טופח על כתפו, כף ידו נודפת שרף. "אמור מחיר."

יצחק, מתנשם, הביט לאחור. כדו השמאלי, החזק, שכב שבור, סדקיו ככוכבי־לכת. הימני – אותו בעל מום – נח שלם בין הפרחים.

"אין לי מחיר," השיב. "אם תעמוד על כך, קנה השבוע אצל אלמנות. ושלם להן יותר משיבקשו."

השכר הבלתי-צפוי

הוא מסר חצי כד במטר, כשברקים תפרו שמים. הממונה, שתמיד היה קר כמטאטא, הביט בו אחרת.

"ראיתי מה שאירע," אמר, סופר מטבעות. "וחודשים אני בוחן את צד ימין של הדרך. אתמול החליטה מועצת העיר לשתול שם תאנים. האדמה טובה יותר – ולא ידענו מדוע. עתה יודע אני. צריך מישהו שישקה בקיץ. עבודה איטית. שכר קבוע. אדם שיודע לשפוך במידה."

דחף את המטבעות לעברו, והוסיף עוד שניים.
"לשכר הדירה. מפני שכדך דולף... ומפני שמתחת לעגלה היה בני."

עצם יצחק עיניו ולחש: *"ברוך הטוב והמטיב."*

שב לביתו בגשם שמחק הבדלים. אמו ישבה ליד החלון, מתקנת חולצה. הניח מטבעות על השולחן, אחת לאחת – כסיבות מנויות.

"מאין?" שאלה, לא מחמת ספק אלא מפני שהורים אוהבים לשמוע הסיפור כאילו היה שלהם.

"מן הסדק," השיב. "ומן העגלה. ומן המועצה. ומן ה' הכותב במים בשעה שאנו עסוקים בקריאת חרס."

אחרית דבר

בשבוע ההוא נשתלו שתילי תאנים לאורך הדרך. יצחק קיבל עליו להשקותם. כדו הסדוק – נאמן ככלב זקן – טפטף, והוא חדל מלהילחם בו. במרוצת הזמן נשאו העצים פרי. ילדים קטפו מתיקות בדרכם לחדר; חתנים וכלות מצאו צל בצעדיהם לחופה. הדרך, שהייתה פעם רצועת אבק, נהפכה למשפט ירוק שהעיר קראה בקיץ וזכרה בחורף.

שנים לאחר מכן, במות המלמד, נשא יצחק תאנה לבית האבלים. סיפר את הסיפור הישן, והנוכחים צחקו בצחוק המנקה חדר מבלי לפתוח חלון.

בדרכו חזרה, הניח ידו על גזע התאנה הראשונה ולחש את הפסוק שאהב המלמד ללמד ילדים:

"**הוֹדוּ לַה' כִּי טוֹב, כִּי לְעוֹלָם חַסְדּוֹ.**" (תהילים קל"ו:א')

והעלים מעליו מחאו כפיים ברוח.

מוסר השכל – הכרת הטוב

אינך יודע היכן מטפטף חסרונך ואיזה שדות הוא משקה. לעיתים הסדק שבכד – ההפסד, העיכוב, הכאב – הוא עצמו הכלי שבו הקב"ה מטיב לאחרים וגם לך. עבודתנו היא להודות, להמשיך לצעוד, ולהישאר פתוחים לטובה המגיחה מתוך השבר.

הרב והגנב: סבלנות שמחוללת שינוי ((סבלנות

הֱוֵי מְתוּנִים בַּדִּין."״
(*"הֱיוּ מתונים בדין."* (אבות א׳:א׳

לילה של פריצה

השוק כבר מזמן שקע בדממה. הדוכנים, שבשעות היום רעמו בקולות מיקוח, היו עתה מוגפים, והרחובות נשטפו באור ירח חיוור. בבית קטן בפינת הרחוב, בעל תריסים עקומים וקירות שספגו סיפורים רבים, התגורר הרב אליעזר — איש שכולו תורת חסד. תלמידיו היו אומרים עליו כי עיניו חודרות מבעד למסכות, מוצאות ניצוץ של אור גם בעץ לח.

אך באותו לילה עמד ניצוצו שלו במבחן.

סמוך לחצות העיר אותו חריקה. הוא שכב בשקט, מאזין. צל חמק פנימה דרך החלון, תנועותיו מגושמות כאילו קיבל רגליים מן הלילה עצמו. עיניו של הרב התרגלו לחשכה: אדם, בגדיו קרועים בקצותיהם, מחטט במגירות בחיפוש אחר כסף או כלי כסף שלא היו שם.

הרב היה יכול לזעוק. היה יכול להכות או להזעיק שכנים שהיו באים עם קללות ואגרופים. תחת זאת, בחר לנקות את גרונו ברוך.

.בני, —אמר בקול רך— אתה נראה רעב. בטרם תיקח דבר מה, אכול—

הגנב קפא במקומו, ליבו הולם.
. —אכול? —מלמל— לא באתי להתחנן, באתי לגנוב

אבל הרב כבר התרומם. נר בידו, מפיץ עיגולי אור רגועים. הוא שלף מן הארון כיכר לחם, כמה זיתים וכד קטן של מים, והניח על השולחן כאילו היה מקבל אורח של כבוד.

— תחילה תאכל — אמר. אדם רעב אינו יכול לחשוב בהיגיון. אחר כך נדבר.

לחם ההיסוס

הגנב נעץ עיניו במאכל. אצבעותיו רעדו, נקרעות בין המגירות לבין הפיתוי. לבסוף, בכאב של מי שלא טעם חסד זה שנים, התיישב וחתך חתיכת לחם. פצפוץ הקרום הדהד בחדר כרעם.

שתיקה עמוקה עטפה את השניים. רק אחרי שהגנב ניגב את פיו בשרוולו, פתח הרב בדברים.

— בני, — אמר בעדינות — ידיך חזקות. חזקות דיין כדי לבנות, לא רק לקחת. מחר, שוב לכאן באור היום. אני אדאג לך לעבודה ישרה.

צחוק מריר פרץ מגרונו של האיש.
— עבודה? מי יבטח בי? הלילה ראית מה אני.

הרב הביט בו לא בעיניו הקרות של שופט אלא בחום של מי שזוכר ילדות.
— לא אותך ראיתי, אלא את הרעב שדחק בך.

עיניו של האיש נשמטו. מעולם לא דיברו עליו כעל יותר מהמעשה הגרוע ביותר שעשה.

נקודת המפנה

הגנב קם לעזוב, מצפה לפחות לאיום: *תחזור מחר או שאסגיר אותך* . אך הרב אמר רק:

.קח את הלחם איתך. וזכור — מקום על שולחני שמור לך—

.האיש יצא אל הלילה, נושא אוכל שלא נגנב. והמשקל הזה הכביד עליו יותר מזהב

למחרת לא שב. גם לא ביום שלאחריו. הבושה היא סוהר עקשן. אך בבוקר השלישי, .בעוד הרב מתקן גדר בחצרו, צנחה צללית על האדמה

.באתי —מלמל האיש, עיניו מורדות—

הרב הגיש לו פטיש.
. —אם כן, נתחיל

חיים חדשים

תחילה הגיעו עבודות פשוטות: תיקון גדרות, קציצת עצים, נשיאת מים. גבו של הגנב כאב, אך ליבו הלך ונפתח ככל שזכה ליחס כאדם ולא ככתם. הרב שילם לו שכר הוגן, ולא הזכיר את אותו לילה. ורק כעבור שבועות, בשבתם יחד ליד האח לאחר יום .עבודה, הניח הרב יד על כתפו

חשבת שבאת לגנוב כסף, —אמר ברוך— אך אולי שלחך ה' לגנוב חיים — מפיו — .של היצר הרע. ועל כך אני מודה לך

דמעות נקוו בעיניו של האיש.
. —רבי, —לחץ ידו— גנבת אותי בחזרה... מעצמי

עם הזמן היה לתלמידו הקרוב ביותר. בבית המדרש לא הכירוהו עוד כליסט אלא כ"בעל תשובה", אדם שהפך את סבלנותו לאחרים למידה רחבה כפי שהרב גילה לו בלילה ההוא.

מחשבת מוסר

בעברית:
סבלנותו של הרב לא רק שמנעה חטא נוסף, אלא פתחה פתח לתיקון פנימי עמוק. במקום לראות את המעשה, ראה את האדם.

המסר: סבלנות אמיתית איננה חולשה פסיבית, אלא ריסון פעיל — האומץ להגיב ברוגע היכן שהכעס מתבקש. סבלנות עשויה להפוך גנב לתלמיד, ולילה של פשע לחיים של תורה.

נר הסליחה: להאיר את החושך (מחילה)

> "נֵר ה' נִשְׁמַת אָדָם."
> (משלי כ׳:כ״ז)

הטינה שלא חדלה

ליל יום הכיפורים ירד על העיירה. בית הכנסת זהר באור רך של מאות נרות, שכל שלהבת בהם – תפילה רועדת, כל רטט – תחינה תלויה בין שמים לארץ. הגברים, עטופים קיטל לבן כתחפושת של מלאכים, התנועעו כקנים ברוח ניגוני הנצח. מחוץ לבית הכנסת דממו הרחובות; נדמה היה שכל הבריאה עצמה עוצרת נשימתה.

אך בפינה אחת ישב ר' מנדל – סוחר אמיד – ולבו לא מצא מנוח. שפתיו נעו, אך מילות הווידוי נפלו כחלוקי אבן על שער נעול. כבר חודשים שנשא בלבו שנאה לשכנו, חייט דל אמצעים, שהעיז להקניטו ברבים.

העלבון היה זעיר – בדיחה חולפת על גאוותו של מנדל – אך הסוחר הפך אותו לכתם שלא ניתן לכבס. ככל שחזר והעלה בזכרונו את הרגע, כך העמיק הפצע. וכך, בעוד כל הקהל כורע ומתחנן לרחמים, נותרו תפילותיו של מנדל כלואות תחת כובד מגבעתו הגבוהה.

הרב הבחין בכך. לאחר כל נדרי, כאשר רוב המתפללים הלכו לנוח בטרם צום הבוקר, התקרב אל מנדל כשהוא נושא בידו נר יחיד.

שיעורו של הנר

"מנדל," אמר הרב, והניח את הנר ביניהם, "אמור לי – מדוע אתה יושב בכובד כזה בלילה קדוש זה?"

מנדל נאנח, כתפיו מתוחות.

"איך אוכל למחול לו? הוא ביזה אותי ברבים. אם אמחל – אאבד את כבודי; אם אשמור טינה – לפחות אשמור את כבודי."

הרב הרים את הנר והניח לאורו להרחיב את החדר.
"האם אתה רואה את הלהבה הזאת? דמה בנפשך שאתה מחביא אותה תחת גלימתך, מסרב לחלוק אותה עם העולם. מה יקרה?"

מנדל כיווץ את מצחו.
"היא תשרוף אותי."

"נכון," אמר הרב בשלווה. "כך היא גם הטינה. איננה מכלה את מי שפגע בך; היא מכלה אותך. אך אם תרום את הנר ותניח לו להאיר – האור יאיר גם לך וגם לו. הסליחה היא ההרמה הזאת."

המאבק שבלב

מנדל התבונן בלהבה, ובתוכה ראה את מלחמתו הפנימית. *מדוע עלי לוותר? מדוע לסלוח?* לחש מוחו. אך ככל ששהה במבטו, כך ריככה חומה זו את הקרח שבתוכו.

הוא נזכר בנעוריו, בכישלונות עסקיו הראשונים ובחסדים שעשו עמו שכניו. נזכר במילות אביו: *"מוטב להפסיד מטבעות מאשר להפסיד ידיד; מוטב להפסיד ידיד מאשר להפסיד את הנשמה."*

דמעות כיסו את עיניו. בלחש חנוק שאל:
"אם אסלח לו – האם גם לי יסלח ה'?"

הרב שם את הנר בידיו.
"באותה מידה שבה אתה מודד – כך ימדודו לך מן השמים. אם אתה מבקש שה'

יכסה את חרפתך – כסה אתה את חרפתו. אם אתה מבקש דין של רחמים – דון אותו ברחמים."

האור ששב

למחרת, עם עלות השמש בחלונות בית הכנסת, צעד מנדל אל המקום שבו עמד החייט עטוף בטליתו. הקהל עקב אחריו בדריכות, ועצר את נשימתו.

שפתיו רעדו, אך דבריו נשמעו ברורים:
"אחי, אני מוחל לך. יהי רצון שגם מן השמים ימחלו לשנינו."

עיני החייט נפערו בתדהמה, ואחר ריככו. הוא חיבק את מנדל, ושניהם שבו יחד לתפילה. קולותיהם, שהיו נפרדים, התמזגו עתה כצמד להבות המתאחדות לעמוד אור אחד.

יש שנשבעו כי באותו רגע נרות הבימה בערו באור חזק מן הרגיל, כאילו השכינה עצמה התקרבה להביט.

מוסר השכל

מי שאינו מוחל נושא בקרבו אש של טינה השורפת את נפשו. אך המחילה היא כהגבהת הנר – היא מאירה לשניהם, למוחל ולנמחל.

לקח: כבוד אמיתי איננו טמון בהחזקת הטינה, אלא בשחרורה. כאשר אנו מוחלים – איננו מצטמצמים, אלא מרחיבים את המקום שבו אור ה' שוכן.

הניצחון השקט: כיבוש היצר (כיבוש היצר)

אֵיזֶהוּ גִבּוֹר? הַכּוֹבֵשׁ אֶת יִצְרוֹ."'"

(אבות ד':א')

יום השוק

היה זה יום השוק בקרקוב. הכיכר געש ורחש בקולות ובצבעים: סוחרים שקראו בקולי קולות את מחירי סחורותיהם, נשים שנשאו סלי ירקות מאוזנים על ראשן, ותרנגולות שקרקרו בזעם מכלובי עץ צפופים. האוויר התמלא בריח ערמונים קלויים ובשובל של קש לח. בתוך המרקם ההומה הזה צעד רבי שמעון, תלמיד חכם שנודע בעיר לא רק בחריפותו ובתבונתו אלא גם בלשונו הרכה ובענוותו.

הוא לא בא לקנות אלא לפגוש תלמיד אחרי תפילה. אך במערבולת הגופים והקולות, מצאה אותו הניסיון. שיכור אחד, בגדיו פרומים ועיניו מזוגגות, התנדנד לתוך הכיכר. קולו נישא מעל ההמון כצליל מתכתי סדוק.

"הנה הוא!" גמגם והצביע על רבי שמעון. "החכם הגדול! הצדיק המזויף!"

ראשים רבים הופנו בבת אחת. השוק חי מן ההצגות.

העלבונות

השיכור התקרב בצעדים כושלים, הבל פיו חריף משיכר. "ראו אותו," קרא, "לבוש כלפי חוץ כקדוש, אבל אני יודע—כן, אני יודע—הוא מחשיב את עצמו יותר מכולכם!" והוא ירק סמוך לרגלי הרב.

גל של תדהמה עבר בקהל. היו שאמרו בזעם: "בושה! כך לבזות רב ברבים?" ואחרים לחששו בציפייה, חשים שמתרקמת דרמה.

פניו של רבי שמעון אדמו. אגרופיו נקפלו מתחת לשרווליו. בחזהו הלמה התוף של הכעס: איך העז? בפני כל העם? האוכל להרשות שכבודי יירמס כעפר?

מאה עיניים המתינו לתגובתו.

ההשהיה

רגע ארוך נמתח כאילו חוט דק נמתח עד קצהו. רבי שמעון נשם נשימה אחת, ועוד אחת. בתוך אותה דממה שמע בליבו את קול אביו מימים עברו: "אין הגבורה בהכאה, אלא בריסון."

של זעם, אלא של שליטה not—הרב הרפה את אגרופיו. שפתיו התקפלו לקו דק עצמית שקטה.

והוא לא אמר דבר.

אי־השקט של ההמון

השיכור צרח שוב, בקול חזק יותר, מנופף בידיו. אך בהיעדר תשובה, נפלו עלבונותיו כאבנים למים, נבלעים בלא הד. ההמון התנועע בחוסר נוחות. סוחר אחד מלמל: "שתיקתו של הרב היא תשובה מספקת." אחר אמר: "הוא ניצח אותו מבלי להוציא מילה מפיו."

השיכור, צמא לתגובה, התערער. קולו נסדק, ואחר נדם. לבסוף משך בכתפיו ונטה הצידה, נעלם בסמטאות.

התוצאה

תלמיד ניגש לרבי שמעון, עיניו מלאות יראה. "רבי, מדוע לא השבת לו? הרי אדם חייב להגן על כבודו!"

הרב הפנה אליו את מבטו ואמר: "כאשר כלב נובח על המלך, האם המלך נובח בחזרה? שתיקתי לא הייתה חולשה. היא הייתה ניצחון על היצר שתחנן בי לצעוק."

ראשו של התלמיד נטה מטה. הוא הבין שזכה לשיעור גדול יותר מכל דרשה שנאמרה בבית המדרש.

הפרי הנסתר

שבועות אחדים אחר כך הופיע השיכור בפתח ביתו של הרב. היה פיכח עתה, עיניו קודרות מבושה. הוא כרע נמוך ואמר: "רבי, שתיקתך בערה בי יותר ממאה קללות. באותו לילה ראיתי את עצמי כפי שאני—ולא יכולתי לשאת זאת. סלח לי."

הרב הרים אותו ברכות. "אחי, לא היה לי מה לסלוח. הקרב שלי לא היה איתך, אלא עם עצמי. וברחמי ה', ניצחתי."

הלה פרץ בבכי, ומאותו יום נעשה מבאי בית הכנסת. זעקות שכרותו הוחלפו בלחישות של תפילה.

מחשבת מוסר

העברית המקורית:
הגיבור האמיתי איננו זה שמנצח אחרים, אלא זה שמנצח את יצרו. שתיקתו של הרב לא הייתה חולשה אלא כוח—הכוח לא לתת לאחר להכתיב את דרכו.

התרגום:
הגיבור האמיתי אינו מי שמכניע אחרים, אלא מי שמכניע את יצרו. שתיקתו של הרב לא הייתה חולשה אלא עוצמה—העוצמה לסרב לתת לאחר לקבוע את דרכו.

לקח: כבוד הניצל בכעס הוא זמני. כבוד הנשמר באיפוק—נצחי.

משקל מילה אחת: כוח הדיבור (שמירת הלשון)

הַמָּוֶת וְהַחַיִּים בְּיַד הַלָּשׁוֹן.'"
(משלי י"ח:כ"א)

הלחישה בשוק

בעיר לובלין ההומה, השוק היה לב־החיים. רוכלים קראו בקול על מרכולתם, ילדים התרוצצו בין הדוכנים, וכל סמטה התמלאה ברחשי שמועות וחדשות. ושם, בין ההמולה, נולדה סערה ממילה אחת קלה שנאמרה כבדרך אגב.

חיים הפונדקאי, עייף משחר עבודה, התכופף אל עבר נוסע ולחש:
— מכיר אתה את הסוחר, ר' זלמן? אומרים שמאזניו אינם כל־כך ישרים.

לא התכוון לרעה, אולי רק רצה למלא את האוויר בדיבור. אך המילה, משיצאה מפיו, היתה כגיצי אש שנישאו ברוח. ועד הערב כבר עברה מאוזן לאוזן, מבית לבית: *"זלמן מרמה במאזניים"*.

חורבן השֵם

תוך ימים ספורים חש ר' זלמן בשינוי. לקוחותיו התרחקו, חבריו הישנים נמנעו מלהביט בפניו. כשנכנס לבית המדרש, קול התורה נדם, והיושבים זעו באי־נוחות. עסקיו קרסו, ובושה דבקה בו כאבק שאין לנער.

נואש, פנה זלמן אל רב העיר. בקול רועד סיפר:
— רבי, מעולם לא גזלתי נפש אחת, ולא לקחתי פרוטה שלא כדין. ואף־על־פי־כן, כל העיר רואה בי גנב.

הרב, איש עיניים עמוקות ודיבור מועט, הקשיב בדומייה. אחר כך שלח לקרוא לחיים הפונדקאי.

משל הנוצה

כאשר הגיע חיים, עדיין תמה על מה ולמה, אמר לו הרב:
— קח כר מלא נוצות, וצא אל כיכר העיר. קרע אותו ושוב אלי.

חיים עשה כמצווה. בכיכר קרע את הכר וניערו. הרוח אחזה בנוצות ופיזרה אותן על גגות ועל סמטאות, הרחק עד לשדות. חזר לבית הרב, ונוצות עדיין דבוקות לשרוולו.
— עשיתי כדבריך, רבי.

יפה — אמר הרב — עכשיו צא ואסוף את כל הנוצות והשב אותן לכר —.

נדהם חיים וקרא:
! — אבל זה מן הנמנע! הרוח נשאה אותן לכל עבר

אמר הרב בקול חרישי אך נוקב:
— כך גם דבריך. חשבתם קטנים, אך התפשטו בכל העיר. היכול אתה להשיבם?
?היכול אתה להשיב את שמו הטוב של ר' זלמן

עול החרטה

פניו של חיים בערו מבושה. פנה אל זלמן ודמעות בעיניו:
! — סלח נא לי! דיברתי בפזיזות, וראה מה גרמתי

שפתיו של זלמן רטטו.
? — אני סולח לך — לחש — אך את שמי, מי ישיב לי שלם

הרב הניח יד על כתפי שניהם ואמר:
— משום כך הזהירה התורה בחומרה כה רבה מפני לשון הרע. מילים כחִצים הן: משנורו, אין להשיבן. אך כשם שמילה אחת פוצעת, כך מילה אחרת — של אמת, של ענווה — יכולה להתחיל לרפא. מהיום, חיים, דבר בשבחו של זלמן בכל מקום. יהי .לשונך כרוח המפיצה אור

הריפוי

כך היה. חיים, שבור מאשמתו, נהפך למגן הגדול ביותר של זלמן. בכל מקום הצהיר בקול:
! — עשו עסק עם ר' זלמן! מאזניו ישרים מן השמש

.איט־איט חזר האמון. הלקוחות שבו, ושמו של זלמן — אף כי נותר בו צלקת — נשמר

ואילו חיים, לעולם לא דיבר עוד בפזיזות. עד יומו האחרון סיפר לילדים את משל הנוצה, כדי שילמדו לשמור את לשונם.

מוסר השכל

המילה הנאמרת בקלות יוצאת כעוף שאין להשיבו. אך כאשר משתמשים בלשון לטובה, ניתן להפיץ אור באותה מידה שהפצנו חושך.

לקח: שמירת הלשון איננה רק הימנעות מנזק; היא בחירה במילים המרפאות, המכבדות והמעלות את זולתם.

(הארנק האבוד: יושר מעבר לניסיון (יֹשֶׁר

דַּבֵּר אֱמֶת בִּלְבָבוֹ."״
(*"דובר אמת בלבבו."* (תהילים ט"ו:ב׳

הגילוי

רחובות ורשה נצצו בכפור. השלג נדבק בעקשנות לאבני המרצפת, והמרכבות חישבו את צעדיהן בזהירות, בעוד סוסיהן נושפים אדים לבנים באוויר הקר.
יוסף הסנדלר הידק את טליתו הישנה סביב כתפיו בדרכו חזרה מן בית המדרש. ידיו, מחוספסות מעבודה בעור ותפילה גם יחד, רעדו מן הקור.

בפנותו לסמטה צרה, נתקל מגפו בחפץ רך. הוא התכופף, ובידו נמצאה ארנק עור כבד. במבט חטוף פנימה עצר נשימתו: מטבעות זהב, יותר ממה שראה מימיו.
. די היה בהם להאכיל את משפחתו שנים רבות. די כדי להרים אותו מעוני וממחסור

בטנו קרקרה במחשבה על בשר לשבת, נעליים חדשות לילדיו, ורפואה לאשתו החולה. אך קול אחר לחש בתוכו: *"זה איננו שלך* .

הפיתוי

אותו לילה ישב יוסף אל שולחנו, הארנק מונח לפניו כמשקל שאין לשאתו.
מעל עליית הגג נשמעו נשימותיהם הרדודות של ילדיו תחת שמיכות דקות. מן החדר הסמוך עלתה שיעולה היבשה של אשתו.
. המטבעות, תחת אור הנר המרצד, נצצו כהבטחות זהב – כמעט כלעג משמים

יצרו לחש לו: *מי ידע? אולי ה' בעצמו שלח זאת אליך. גם לך מגיעה מנוחה*.

אך לבו זכר את הפסוק: *"מִדְּבַר שֶׁקֶר תִּרְחָק."*
הכסף הזה לא היה פרי עמלו. שמירתו תהיה גזל, גם אם יימצאו אלף תירוצים.

עם עלות השחר, החלטתו הייתה חתומה בלבו.

הניסיון

יוסף ניגש למשרד השופט העירוני, המקום בו הוכרזו אבידות. לא חלפה שעה והופיע סוחר עשיר, פניו חיוורים מדאגה.

"ארנקי!" קרא באחיזה רועדת. "חשבתי שאבד לנצח."

הוא פנה אל יוסף:
"אמור לי, האם פתחת אותו?"

יוסף הנהן. "ראיתי מה שבתוכו.

"ובכל זאת החזרת?" קולו של הסוחר רעד בתדהמה. "האם אתה יודע מה המשמעות? הכסף הזה היה שכרם של עשרות פועלים. בלעדיו, היו משפחותיהם נופלות לרעב. לא זהב בלבד החזרת – אלא חיי אדם."

ההדים

הסיפור התפשט בורשה כברק בשדה יבש: הסנדלר העני שמצא הון והשיבו שלם. הלקוחות החלו לנהור לחנותו הקטנה, מבקשים שיתפור להם נעליים – בידיים שתפרו לא רק עור, אלא גם אמת.

תלמיד אחד שאלו:
"רבי יוסף, האומנם לא היה קשה? האם לא חשבת על רעבונך?"

חיוך עייף, אך חם, התפשט על פניו:
"בכל לילה אני שומע את ילדַי מבקשים לחם. אך לא הייתי יכול לשאת אם, בעוד שנים, ייקראו *בני גנב*. העוני חולף. שם רע – לעולם לא."

השכר שמעבר למטבעות

כעבור שבועות אחדים שב הסוחר, והפעם לא בידיים ריקות: הוא הציע חוזה קבוע לתיקון מגפיהם של עובדיו.

חנותו של יוסף פרחה. לא נעשה עשיר, אך רעב לא שב עוד לביתו.

ובבית המדרש, כאשר נכנס בידיים מחוספסות ובחיוך שקט, לחשו התלמידים זה לזה:
"הנה הולך אדם הדובר אמת בלבו."

דברי מוסר

בעברית:
האדם נבחן לא רק ברגעי מחסור, אלא גם בשעה שניתנת בידו האפשרות ליטול שלא כדין. היושר הנשמר בלב קשה – בונה עולם שלם.

תרגום:
הניסיון האמיתי של האדם איננו רק בעוני, אלא דווקא ברגעים בהם קל להושיט יד ולרמות. שמירת היושר גם במחיר הכאב – בונה עולם של אמון.

לקח:
עושר אמיתי איננו נמדד במטבעות שבכיס, אלא ביושר השוכן בלב.

המעיל על הדרך: חסד בלי גבול (חֶסֶד

"עוֹלָם חֶסֶד יִבָּנֶה."
(תהילים פ״ט:ג׳)

הדרך הקפואה

חורף תרל״ב היה אכזרי בגליציה. שלג ירד בעקשנות וכיסה את העולם, חונק כל קול. עוברי אורח נדמו כצללים בתוך הדממה הלבנה. על הדרך שבין שתי עיירות פסע ר׳ דוד, סוחר עצים. מעילו המרופד בפרווה היה מהודק לגופו, ומגפיו חרקו בשלג. הוא לא נמנה עם העשירים, אך פרנסתו סיפקה לחם לביתו וחום לאח.

בהתקרבו לעיקול סמוך ליער, ראה צורה חבויה למחצה בשלג. תחילה סבר כי בול עץ נפל ממרכבה. אך כשהתקרב, הבחין כי הצורה נעה וגניחה עלתה ממנה. זה היה אדם—רזה כענף יבש, בגדיו קרועים ופניו כחולים מקור.

ר׳ דוד כרע לעברו.
"אחי! מה אתה עושה כאן? תמות בקור!"

שפתיו של האיש זעו בקושי.
"בדרכי... לטארנוב... התמוטטתי ..."

מבחן החסד

ר' דוד הביט ימין ושמאל. שום עוברי אורח, שום פונדק. לשאת את האיש לבדו—כמעט בלתי אפשרי, והסערה מתגברת. מחשבותיו נדדו לביתו: אשתו ממתינה לארוחת ערב, ילדיו להאזין לסיפוריו. ויותר מכול—המעיל שעל גופו, המגן האחרון מפני עקיצת הרוח.

דוד התייסר: *אם אעניק לו את מעילי, האם לא אסכן את עצמי? אך אם לא—הרי דינו נגזר.*

אז נזכר בפסוק: *"עוֹלָם חֶסֶד יִבָּנֶה."* העולם מתקיים רק בזכות החסד. אם כן, כיצד יוכל להניח לו למות כאן בשלג?

בלי שהות, הסיר את מעילו, עטף בו את הזר, התכופף והרימו על כתפיו, והחל צועד חזרה לעיירה.

ההליכה הארוכה

כל צעד היה ייסורים. הרוח פילחה את חולצתו, גופו רעד. האיש שעל גבו היה כמשא מת, גונח בקול חנוק. נשימותיו של דוד יצאו כעננים, רגליו התחננו למנוחה. אך אש מוזרה בערה בקרבו—אמונה, מטרה, ואולי יד ה' עצמה מחזקת אותו.

לבסוף, לאחר מה שנדמה כנצח, הבהבו פנסי העיירה. הפונדק. דוד התנדנד פנימה, נופל על הרצפה כשעדיין האיש עטוף במעילו.

בעל הפונדק ואשתו מיהרו לעזרה, השכיבו את האיש הקפוא ליד האח, שפשפו את גפיו והגישו תה חם אל שפתיו. לאט־לאט חזר צבע ללחיו, וניצוץ חיים שב למקום שבו שרתה המוות.

הגילוי

רק כשהאיש נרדם, תהה דוד לשמו. בעל הפונדק, סקרן, בדק את תיקו. בפנים נמצאו מסמכים עם חותמת אצולה: לא קבצן הוא, אלא סוחר עשיר מטארנוב שנשדד ונשאר ערום ונטול רכוש.

עם שחר התעורר האיש, ודמעות הציפו את עיניו כשראה את מצילו.
"הצלת אותי," אמר. "מעילך היה חיי."

דוד חייך בענווה.
"לא היה זה אלא מעיל."

אך האיש נענע בראשו.
"זה היה יותר. זה היה חומך, כוחך, חסדך. אני חייב לך הכול."

השכר שמעבר לכוונה

חודשים לאחר מכן קיבל דוד מכתב. בפנים היה שטר חוזה לעסקת עצים בתנאים נדיבים, חתום בידי אותו סוחר. *"אין זה אלא חלק קטן,"* כתב, *"מהמעיל שהחזיר לי את חיי"*.

אך דוד לא סיפר מעולם על כך. כששאלוהו שכניו על הצלחתו, ענה רק:
"העולם נבנה על חסד. מה שנתתי שב אלי בדרכים שלא חיפשתי."

מוסר השכל

חסד אמיתי אינו מחשב את מחירו, אלא את חיי הזולת. העולם עומד על רגעים כאלה—כאשר אדם מוותר על חומו כדי שחברו יחיה.

לקח: חסד שאינו עולה כלום הוא פשוט; חסד הכרוך בסיכון—הוא קדוש.

הכיסא השבור: ענווה שבכבוד (ענווה

עֵקֶב עֲנָוָה יִרְאַת ה׳.""

(*"עֵקֶב עֲנָוָה יִרְאַת ה׳."* (משלי כ״ב:ד׳

החגיגה

בעיר פינסק, בית הכנסת זהר באור שלא נראה כמותו. אחרי שנים של עמל משותף, הושלם סוף־סוף הארון הקודש החדש — עץ אלון מגולף ביד אמן, אותיות כסף נוצצות ככוכבים חרוטות בו. כל הקהילה התכנסה לחגיגת חנוכתו: נרות רטטו, ניגונים התרוממו ככנפיים, ואפילו העניים ביותר הוציאו את מיטב בגדיהם לכבוד המאורע.

במרכז עמד רב העיר, הרב משה, מנהיגם ואביהם הרוחני. שמו הלך לפניו משטעטל לשטעטל: תלמיד חכם עצום, פוסק גדול שהדריך הן סוחרים והן סנדלרים, ובעיקר — אדם שעיניו התרככו בכל פעם שילד קטן משך בשרוולו.

באותו ערב הציב הגבאי ליד הבימה כסא חדש, מהודר וגבוה, שונה מן השאר. "צריך לכבד את הרב," הסביר. "שכולם יראו מי שזכה לתורת ה׳."

הסדק

אך כשהרב משה התיישב, נשמע פתאום חריקה דקה באוויר. הוא נשאר יושב, חיוך קפוא על פניו, בעוד שהעץ תחתיו רעד. בתוך הקהל נשמעה צחקוק קלוש; מישהו אחר חנק גיחוך מאולץ.

ואז, באנחה מתפצחת, קרס הכסא.

הרב נפל על הרצפה, גלימתו מקומטת, כובעו מתגלגל הצידה כגלגל אבוד. אנחות הפתעה מילאו את האולם. חלק מהנוכחים כיסו את פניהם, אחרים עמדו קפואים במבוכה, לא יודעים אם למהר לעזרתו או להיעלם מן הבושה.

זה היה רגע רווי השפלה. אדם אחר היה מסמיק מזעם, מתפרץ החוצה או דורש דממה.

אבל הרב משה התרומם לאטו, ניער את בגדיו, אסף את כובעו... והביט בכסא השבור. ואז פרץ בצחוק — צחוק עמוק, אמיתי, שנשא אתו את כל האולם.

השיעור שבצחוק

"ידידי," אמר, כשהוא מרים רגל שבורה של הכסא, "ראו איך השמים מזכירים לנו. גם רב אינו יושב אלא על עץ. ועץ, כמו אדם, לפעמים נשבר."

הצחוק התפשט, תחילה מהוסס, ואחר כך משוחרר, עד שכל בית הכנסת רעד משמחה. מה שעלול היה להיות חרפה הפך להקלה, לאחדות, לחום.

הרב המשיך: "טוב שישבר הכסא שלי ולא ליבי. טוב שייפול הגאווה ולא השלום שבינינו. נקדיש הערב לא רק את הארון, אלא גם את עצמנו — לענווה לפני ה'."

אחרי הנפילה

מאותו לילה הפכה מעשיית הכסא השבור לאגדה בפינסק. ילדים לחשו אותה כבדיחה, סוחרים חזרו עליה בחיוך, אך תמיד מתוך הערצה. "שמעתם? הרב שלנו נפל והפך את זה לתורה!"

אורחים שהגיעו ציפו למצוא איש קשה־סבר, ובמקום זה פגשו אדם שעצם ענוותו גרמה להם לחוש נעלים יותר. גדולתו לא פחתה מן הנפילה — היא הוכתרה בה.

ומה עשה הרב משה עצמו? תיקן את הכסא והעמידו בחדר לימודו, כדי שיזכיר לו תמיד: הכבוד שברירי, אך הענווה נצחית.

דברי מוסר

עברית:
הכבוד נופל ברגע, אך הענווה מחזיקה לעד. מי שיודע לצחוק על עצמו הופך בושה ללימוד, וחולשה לכוח.

תרגום:
הכבוד עלול לקרוס בשנייה, אך הענווה נשארת לעולם. מי שיודע לצחוק על עצמו ממיר את הבושה לשיעור ואת החולשה לעוצמה.

תמצית:
הנכבדים באמת אינם היושבים על הכסאות הגבוהים, אלא אלו שיודעים לקום בכבוד כאשר הכסא נשבר תחתיהם.

ככר האלמנה: הכרת הטוב בעוני

טוֹב לְהֹדוֹת לַה'.""
(תהילים צ״ב:ב׳)

הרעב

בעיירה קטנה סמוך לוילנה חיה רבקה, אלמנה עם שלושה ילדים. בעלה מת בטרם עת, והותיר לה תנור קטן, כמה תרנגולות, וחובות שכרסמו בנפשה כעכברים נסתרים בקירות.

בכל יום הייתה אופה לחם למכור בשוק, משתמשת בשארית הקמח לבצק שלמחרת. לעולם לא היה די. פעמים רבות היו ילדיה נרדמים על קיבה ריקה, זרועותיהם הדקות כפופות כסימני שאלה.

בערב חורף קשה במיוחד ספרה רבקה את מעותיה, ומצאה שיש לה די לקנות שק קמח אחרון בלבד. היא לשה את הבצק בדמעות ולחשה:
" —"ריבונו של עולם, אתה אבי היתומים ודיין האלמנות. אל תשכח אותנו.

הזר

כאשר נאפו הכיכרות, נשמעו דפיקות בדלת. בפתח עמד קבצן זקן, זקנו מכוסה כפור וידיו רועדות.

"?אשה טובה," לחש בקול חנוק, "לא אכלתי זה יומיים. התוכלי לחוס עלי בלחם—

ליבה של רבקה התכווץ. לתת לו פירושו שילדיה עלולים לרעוב. לסרב – פירושו לבגוד בכל אשר לימדהּ בעלה המנוח: *בית יהודי חייב שתהיה בו פינה גם לאחר*.

היא הביטה בעיני ילדיה הפעורות, אחר־כך בפניו החלולות של הקבצן. באיטיות לקחה את הכיכר הגדולה מן התנור והניחה אותה בידיו.

עיניו של האיש התמלאו דמעות. "אלוקי ישראל יברכך," לחש ונעלם בשלג.

המזווה הריק

באותו לילה יבבו הילדים ברעב, ורבקה בכתה חרש.
"אולי נהגתי בטיפשות," חשבה. "מסרתי את המעט שהיה לנו—"

לפני עלות השחר קמה, ליבה כבד, כדי ללוש את שארית הקמח.

כאשר פתחה את המזווה – עיניה קפאו. במקום בו לא נותר אלא אבק, עמד עתה שק קמח חדש, לבן ומלא.

היא נגעה בו כמי שנוגעת בנס, ונפלה על ברכיה להודות.

שובו של הזר

כעבור ימים ספורים ראתה שוב את הקבצן בשוק. אלא שעכשיו לא היה עטוף קרעים אלא במעיל סוחר פשוט. הוא ניגש לדוכן שלה וקנה את כל ככרות הלחם.

—"מדוע?" שאלה בתדהמה.

הוא חייך.
"מפני שנתת כאשר לא היה לך דבר. אחרים נותנים מתוך עושר; את נתת מתוך רעב. זו מתנה שהשמיים מרבים פי כמה."

מאז שב האיש ובא לעיתים קרובות: פעם כלקוח, פעם כמי שמטמין מעות בידיהם של הילדים. היו שאמרו כי זהו אליהו הנביא בדמות אדם. אחרים אמרו בפשטות: *הוא היה התשובה לתפילתה*.

מוסר השכל

הכרת הטוב איננה תלויה בשפע אלא בלב. מי שמודה ומשתף גם מתוך חוסר — מגלה שהחסד של ה' אינסופי.

הכסא הריק: רחמים גוברים על כעס (רחמים)

כַּאֲשֶׁר יְיַסֵּר אִישׁ אֶת בְּנוֹ, ה' אֱ-לֹקֶיךָ מְיַסְּרֶךָּ."'
("כאשר אדם מייסר את בנו, כן ה' אלוקיך מייסר אותך." (דברים ח:ה)

בית המדרש

בישיבת פרשבורג הומה בית המדרש בקולות. דפי הגמרא נהפכים כרחש כנפי ציפורים, קולות הוויכוח עולים ומתנגשים, והאוויר רוטט מחום הלימוד.

כל כסא היה תפוס — מלבד אחד. בפינה האחורית ניצב כסא ריק, שולחנו ערום, כשתיקה בתוך המולת התורה.

זה היה מקומו של ישראל, בחור חריף מחשבה אך סוער רוח. לאחרונה נראו עקבותיו בטברנות, מבזבז את זמנו בשיחה בטלה, מתרחק והולך מנתיב הישיבה. הלחישות עברו בין הספסלים: *"אבד הוא...היצר הרע גבר עליו*..."

רבי אברהם שמע את הלחישות. ובכל יום שעבר, עיניו נשאו אל אותו כסא ריק, ולבו נקרע בקרבו.

המפגש

לילה אחד באה שמועה לאוזניו: ישראל שוב נמצא בטברנה. תלמידים רבים דחקו בו: "רבי, לך! הוכח אותו ברבים לפני כל אנשי העיר. כך ייראו האחרים וייראו מלעשות כמעשיו."

קם רבי אברהם ממקומו, ופסע ברחובות הקרים עד שהגיע אל דלת הטברנה. משם פרצו צלילי ניגונים גסים, קול נקישת כוסות, וצחוקם הרועש של אנשים בלא תורה.

שם, באחת הפינות, ישב ישראל כפוף, כוסו חצי ריקה, חיוך כפוי על פניו המכוסות בצל של בושה.

בכניסת הרב נאלם החדר. כל העיניים הופנו אליו. פניו של ישראל החווירו, הוא ציפה למבול של תוכחות, לביזיון פומבי, אולי לגירוש.

במקום זאת, ניגש הרב בשקט, משך את הכסא שלפניו, וישב.

המילים שלא נאמרו

בראשונה לא הוציא הגה. השתיקה העיקה יותר מכל תוכחה. לבסוף, דיבר בלחש:

"ישראל, הכסא שלך בבית המדרש ממתין לך. בכל יום אני מביט בו, ובכל יום הוא שואלני: *'היכן תלמידי?'*"

עיניו של ישראל בערו. "רבי, איני יכול לחזור. נפלתי רחוק מדי."

הרב הושיט ידו ואחז בידו של הבחור. "אין יהודי נופל למקום שאין רחמי ה' מגיעים אליו. שוב הביתה. לא בשבילי, לא בשבילם — אלא בשביל התורה שעדיין ממתינה לקולך."

הדרך חזרה

דמעות פרצו. לעיני כל אנשי הטברנה הניח ישראל את ראשו על יד רבו כילד אצל אביו. בלא מילה נוספת קם והלך אחריו אל הלילה הקר.

למחרת, הכסא הריק נתמלא. בתחילה לחששו שוב: *"איך יישב בינינו אחרי שעשה מה שעשה?"* אך רבי אברהם השקטם במבט אחד.

"לא שב מפני שהוא מושלם — אמר — אלא מפני שהוא מנסה. וזו מעלה גדולה מן השלמות."

עם הזמן הפך ישראל לאחד מעמודי התורה בישיבה, ולאחר מכן לרב ומורה בעצמו — תמיד רגיש ל"כסאות הריקים" של אחרים, ותמיד עדין בתוכחתו.

מוסר השכל

בעברית:
לפעמים השתיקה והחיבוק משפיעים יותר מן התוכחה. לראות את הכסא הריק של יהודי ולקרוא לו לשוב באהבה — זהו רחמים אמיתיים.

תרגום:
לעיתים מילים חריפות רק מפחידות, אך הרחמים מרפאים. התוכחה הגדולה ביותר איננה בהכרח גינוי, אלא תזכורת שקטה:
"מקומך עדיין מחכה לך."

החוב הנשכח: משקל היושר (ניקיון כפיים

מוֹצִיא אֱמוּנָה מִפִּיו וְלֹא יִשְׁנֶה.""
((תהילים ט"ו ד'

הפנקס הישן

בעיר **ברודי**, עיר סוחרים והוגי דעות, בה רעשו השווקים מנקישות מאזניים וקולות מתמקחים, התפרנס ר' פּנחס מחנות צנועה. לא היה עשיר כיתר הסוחרים, ולא ידו הייתה קלה במקח וממכר, אך שמו הלך לפניו כאיש אמת. היו אומרים: *"טוב לקנות אצל פנחס, שאפילו אם תפוחיו קטנים – מאזניו ישרים."*

יום אחד, בשעת סדר וניקיון במחסן שבחלקה האחורי של חנותו, מצא פנחס פנקס ישן. דפיו מצהיבים, קצותיו פרומים, ובתוכו רשומות חובות מלפני שנים. שמות, תאריכים, סכומים — ופתאום עינו ננעצה בשורה אחת שהקפיאה את נשימתו:

"חוב פנחס לר' יצחק – 20 רובל."

פנחס התיישב בכבדות על שרפרף העץ. עשרים רובל! סכום עצום בעבורו, יותר ממשכורת חודשית שלימה. ואילו ר' יצחק? כבר שנים שנסתלק לבית עולמו. ילדיו נדדו לערים אחרות; אין מי שיזכור את החוב. **אין מי — מלבד פנחס עצמו.**

הפיתוי

בלבו סערו קולות סותרים.
"מי ידע אם אעלים עין? ר' יצחק איננו, ילדיו לא תבעו. אולי אף הקב"ה עצמו מחל על החוב הזה עם פטירתו..."

אך קול אחר, עמוק ונוקב, עלה בקרבו:
"*חותמו של הקדוש ברוך הוא – אמת.*"

ואם חותמו אמת, היאך יוכל לעמוד לפני בוראו כששקר קטן, שורה נשכחת בפנקס, מכביד על לבו?

החיפוש

באותו ערב סגר פנחס את החנות מוקדם. יצא לשוק, חקר ושאל: "היכן יורשי ר' יצחק?" הקיש על דלתות, שלח מכתבים, רדף אחרי זיכרונות אנשים. ימים נמשכו לשבועות, שבועות הפכו לחודשים.

ולבסוף, שמע כי אחד מבניו של ר' יצחק מתגורר בעיירה סמוכה, מתפרנס כתופר פשוט, עני מרוד.

ההחזר

פנחס קשר את מעותיו בצרור קטן ונסע לשם. מצא את הבן כפוף על שולחן עבודה, תופר קרעים במעיל בלוי. פנחס ניגש אליו ואמר בפשטות:

"אביך, ר' יצחק, הלווה לי לפני שנים עשרים רובל. באתי עתה להשיבם."

התופר הרים עיניו בתדהמה. "אבי? הייתי ילד קטן כשנפטר... זה שנים שלא שמעתי מילה על חובותיו. למה תביא לי זאת עכשיו?"

ענה פנחס: "כי החוב היה שלי, ולא אבדה לי זכות לשלם. אמת אינה נמחקת עם השנים. היא מכבידה כל עוד לא תוקנה."

ההשפעה

עיני התופר נמלאו דמעות. "ר' יהודי... אינך יודע. אתמול הלכו ילדי לישון רעבים. הכסף הזה איננו רק החזר חוב — הוא חיים מחודשים."

השמועה פשטה בברודי במהרה: ר' פנחס החזיר חוב ישן שאיש לא דרש. אנשים הגיעו לחנותו לא רק לקנות סחורה, אלא גם לבקש עצה וברכה. בניו למדו ממנו שיעור חקוק בלב: **עושר במעות חולף, עושר ביושר נצחי**.

מוסר השכל

עברית:
האדם הישר משיב גם חוב שאיש אינו זוכר. אין הוא עושה זאת רק בעבור הזולת — אלא בעבור נפשו. כי מי שמוחק שורה בפנקס בלי לשלם, מוחק חלק מנשמתו.

תרגום:
האדם הישר מחזיר גם חוב שנשכח מזמן. לא למען האחר בלבד — אלא כדי לשמור על טהרת נשמתו. מחיקה של שורה ללא תשלום, היא מחיקה של חלק מן האמת שבו.

לקח: יושר אמיתי נבחן לא כאשר העולם צופה, אלא דווקא ברגעים שאיש אינו יודע. **האדם הנקי הוא מי שמדבר אמת בלבו — ומשלם גם את מה שנדמה שנשכח לעד.**

הגשם שלא בא: אמונה בעונת היובש (אמונה

> וְצַדִּיק בֶּאֱמוּנָתוֹ יִחְיֶה."
> (חבקוק ב:ד)

השדות היבשים

בעיירה **מזריטש**, הקיץ נמשך אכזרי וארוך. העננים חלפו כזרים אדישים, מבלי להוריד טיפה. האדמה נסדקה, שיבולי החיטה כמשו, והתקווה התייבשה מהר מן השדות. האיכרים נאספו בכיכר השוק, פניהם קמוטות מדאגה וקולותיהם חלשים.

ובתוך כולם עמד ר' נחמן, איכר עני, בעל חלקה קטנה ושור כחוש. שכניו נדנדו בראשם לנוכח עקשנותו.

— "מכור את אדמתך, נחמן. השנה לא יצמח דבר. מוטב להציל את המעט שנותר לך, מלהפסיד הכול."

אך ר' נחמן חייך בעייפות ובאמונה:

— "הגשם יבוא. הקב"ה לא שכח אותנו."

שכניו לעגו. קל להאמין כאשר השדות ירוקים; קשה פי כמה כאשר כל מה שרואים הוא אבק.

זרעי האמונה

בערב אחד, כאשר כולם החביאו את זרעי החיטה לשנה הבאה, מצאו ילדיו של נחמן את אביהם בשדה, מפזר גרעינים באדמה הסדוקה.

— "אבא!" קראו, "מדוע אתה מבזבז את הזרעים? הרי אין גשם!"

הוא לחץ את הגרעינים לתוך העפר באצבעות קשות כקליפת עץ.

— "ילדיי," אמר, "אם נמתין עד שירד הגשם כדי לזרוע, לא ימצא הגשם דבר להצמיח. אמונה היא לזרוע דווקא כשהשמיים ריקים. הקב"ה ידאג."

אשתו, שעמדה בפתח הבית, חשה פחד מתערבל בליבה. אך אור עיניו שתקף אותה בחום – והיא שמרה על שתיקתה.

לעג השכנים

הימים הפכו לשבועות. שכניו לגלגו בכל פעם שעברו ליד חלקתו היבשה.

— "ראו את השוטה, משקה אבק בזיעתו. האם סבור שתפילתו תשנה את הרקיע?"

אך נחמן, מדי בוקר, התכופף מעל הקרקע ולחש תהילים. שכניו נדו בראשם, אבל לעיתים — בשקט של הלילה — גילו שהם מקנאים בו. כי אמנם שדהו היה ריק, אך ליבו היה מלא.

הטיפה הראשונה

עם שחר אחד, בעוד נחמן מהלך בין תלמיו, פגעה טיפה אחת בלחייו. הוא הרים את מבטו. השמיים, שהיו קשים כברזל, התרככו לענן אפרפר. ועוד טיפה, ועוד — עד שנפתחו ארובות השמים.

האדמה שתתה בצמא. נחמן נפל על ברכיו, ודמעותיו נמהלו בגשם.

— "ריבונו של עולם," לחש, "מעולם לא עזבת אותי."

כעבור שבועות אחדים פרצו ירוקים רעננים מן הקרקע. שדהו, שבעבר היה מושא ללעג, הפך היחיד בעיירה שעלה וצמח חיטה. ובבוא הקציר, עמדו שכניו נדהמים, כאשר גלי שיבולים מוזהבות התנופפו במקום שבו ראו רק אבק.

קציר האמונה

באותה שנה היו משפחות רבות בעיירה גוועות ברעב, אלמלא פתח נחמן את אסמיו. הוא חילק את תבואתו ללא היסוס ואמר:

— "אותו אלוקים שהוריד גשם לשדי, מוריד לחם לכל בניו. קחו, וברכו את שמו."

מאותו יום שוב לא קראו לו שכניו שוטה. הם קראו לו: "איש אמונה."

מוסר השכל

עברית:
האמונה איננה להאמין כאשר הכול ברור, אלא לזרוע דווקא כשהשמיים ריקים. מי שבוטח בה' גם בשעת יובש — זוכה לראות ברכה למעלה מן הדעת.

תרגום:
Emunah is not believing when everything is clear; it is sowing seeds when the sky is empty. One who trusts in Hashem even in the dry season merits blessings beyond imagination.

לקח: אמונה אמיתית איננה להמתין להוכחות, אלא לפעול מתוך ביטחון עוד בטרם הופיעו.

החנות הסגורה: אמונה ושבת (שמירת שבת באמונה)

"שֵׁשֶׁת יָמִים תֵּעָשֶׂה מְלָאכָה, וּבַיּוֹם הַשְּׁבִיעִי שַׁבָּת."
(שמות ל"ה:ב)

הדילמה של הסוחר

בעיר אודסה, שוקי המסחר געשו בשבת. אניות פרקו את מטענן כבר בליל שישי, והסחורה חיכתה לקונים. בעלי החנויות פתחו בשבת בבוקר את דלתותיהם, ממהרים למכור לספנים את בגדיהם ומטעמיהם, לפני שיתפזרו עם כספם בפונדקים.

יעקב, סוחר בדים פשוט, חש את הפיתוי צורב בליבו. חנותו קטנה הייתה, ילדיו עטו בגדים קרועים ומתוקנים, ואשתו נאלצה למתוח כל קופייקה כדי לפרנס את הבית. פעמים רבות לחש לו שכן ברחוב:
— "יעקב, אם רק היית פותח בשבת, בתוך שנה היית מתעשר."

בכל שבת התמודד מחדש: מחוץ לחלון נשמע רעש הרחוב, קולות המיקוח, צלצול המטבעות. ובביתו — התריסים סגורים, הנרות דולקים, ילדיו שרים בקול רך את *שלום עליכם*.

אך גם בתוך כל ההוד, ליחששה בליבו מחשבה קשה: *האם אינני מונע לחם מפי ילדיי? האם אמונתי היא איוולת?*

הניסיון

בשבת אחת, בעוד המשפחה שרה זמירות, נשמעו נקישות חזקות בדלת. סוחר זר עמד שם, ארנק כבד בידו.

"אני זקוק בדחיפות לבד!" קרא. "אשלם לך כפול מהמחיר."

יעקב נענע בראשו.
"היום שבת. אינני יכול למכור—"

"שלישית הכסף אציע לך," התעקש הזר.

יעקב הניח ידו על כתף בנו ואמר בקול יציב:
"לא בעבור כל הזהב שבאודסה—"

הסוחר קילל ועזב בכעס. ילדיו של יעקב הביטו בו בהשתאות. פני אשתו החווירו, אך בעיניה נצנץ אור של גאווה חרישית.

שכר האמונה

בשבוע שלאחר מכן, הופיע הסוחר שוב — אך ביום חול.
"פניתי לאחרים," הודה, "אבל בגדיהם ירודים. שלך ידועים לטוב. אקנה ממך את כל המלאי."

הידיעה התפשטה ברחובות אודסה: יעקב הוא הסוחר שאינו מוכר בשבת. לא זו בלבד שבגדיו מהטובים שבעיר, אלא שמדובר באדם שאמונתו יקרה לו מכסף. אנשים נהרו לחנותו, חלקם בשביל הסחורה, ורבים בשביל לשאת ברכה מעצם יושרו.

כך פרנסתו גדלה, לא *למרות השבת* — אלא *בזכות השבת*.

המורשת

שנים לאחר מכן, כשעמדו ילדיו בפני מבחנים משלהם, נזכרו בחנות הסגורה של אביהם. הם זכרו את הקיבה הריקה לעיתים, אך גם את השלווה בבית. ובעיקר נזכרו כיצד האמונה, שלעיני העולם נראתה כהבל, הפכה למקור ברכה וגדולה.

מוסר השכל

עברית:
האמונה נבחנת דווקא במקום שבו נראית ההפסד לעין. מי שסוגר את חנותו לשבת מגלה שהפרנסה איננה בידיו, אלא ביד ה'.

לקח: אמונה אמיתית איננה נאמרת בפה, אלא נחיה במעשים — בבחירות שמוכנות להקריב נוחות למען האמת.

הנר בסערה: להחזיק באמונה (אמונה)

"גַּם כִּי־אֵלֵךְ בְּגֵיא צַלְמָוֶת לֹא־אִירָא רָע, כִּי־אַתָּה עִמָּדִי."
(תהילים כ"ג:ד')

הסערה

השטעטל בריסק היה עטוף בסערה. גשמים הכו ברחובות, רעמים רעדו את החלונות, והנהר, תפוח וזועף, איים לפרוץ את גדותיו. בבית עץ קטן בשולי העיירה ישבה חנה וילדיה סביבה, צמודים לנר יחיד מהבהב.

בעלה, עגלון עני, לא שב מנסיעתו. ימים חלפו ללא כל ידיעה. כל מכה של רעם נשמעה לה כלעג השמים על בדידותה.

הלחישו הילדים: "אמא, אבא יחזור?" היא חיבקה אותם אל חיקה, ליבה נשבר, אך ענתה בלחישה: "כן, אביכם בידיו של הקב"ה."

אבל בפנים, בחדרי ליבה, הלכה וערבה מחשבה מכרסמת: מה אם אבד? מה אם מילותיי שקר הן?

הביקור

בעיצומה של הסערה נשמעה דפיקה על הדלת. שכן נכנס, כולו רטוב. "חנה, סלחי לי, אך בעיר אומרים שבעלך איננו עוד. הנהר סחף עגלה לפני יומיים. עלייך להיערך."

הנר ריצד בחולשה. הילדים התכווצו עוד יותר בחיקה.

עצמה חנה את עיניה. אלפי פחדים הכבידו על ליבה. אך היא הכריחה את שפתיה לומר:
"הקב"ה נותן חיים. הקב"ה שומר חיים. גם בתוך הסערה — הוא עִמָּנוּ."

השכן נאנח ויצא, מנענע בראשו.

הלילה הארוך

השעות זחלו לאטן. הנר פלט שביבים אחרונים, והצללים זינקו על הקירות כטפרים.
כל רעם נשמע כצחוק לעגני מול מזמוריה. אך היא חזרה ולחשה שוב ושוב:
"שמע ישראל, ה' אלוקינו, ה' אחד."

ילדיה נרדמו לאט, מנחמים את עצמם בקולה. היא עצמה ישבה בודדה, ממלמלת תהילים מול הסערה, נאחזת בקצה חוט האמונה.

השחר

לבסוף החל אור השחר לנצנץ. הסערה שככה לטפטוף עדין. חנה קמה, גופה כואב, ופתחה את הדלת.

ושם, מכוסה בבוץ אך חי, עמד בעלה. עיניו אדומות מעייפות, אך חיוכו רחב.
"הגשר קרס," סיפר, "ונאלצתי למצוא מקלט אצל איכר עד שהנהר שקט. חזרתי במהרה ככל שיכולתי."

חנה בכתה בחיקו, וילדיה רקדו סביבם כגיצים מהנר שנשאר דולק כל הלילה.

האור שנשאר

שנים אחר כך, כשבניה נאלצו להתמודד עם סופות משלהם — עוני, מחלה, גלות — הם נזכרו באותו לילה: בנר של אמם, בקולה הרועד אך התקיף, בהתעקשותה לומר שהקב״ה נוכח גם כשסערה זועקת בחוץ.

וגם הם, בלילותיהם האפלים, לחשו תהילים, נושאים עִמם את אמונתה כלפיד.

מוסר השכל

עברית:
אמונה איננה לראות שהסערה חלפה, אלא לומר גם בתוכה: "אַתָּה עִמָּדִי." הנר שאדם מדליק בשעת חושך — ממשיך לדלוק בדורות הבאים.

תרגום:
האמונה איננה להמתין לשוך הסערה; אלא להכריז בלב הסערה: "אתה עמדי." הנר שנדלק בחשכה מוסיף להאיר דורות שלמים.

לקח: אמונה איננה נבחנת במים שקטים, אלא ביכולת לאחוז בנר גם כאשר הרוחות מיללות.

העריסה הריקה: אמונה דרך הדמעות (אמונה)

**"קַוֵּה אֶל ה', חֲזַק וְיַאֲמֵץ לִבֶּךָ, וְקַוֵּה אֶל ה'."
"קַוֵּה אֶל ה'... חֲזַק וְיַאֲמֵץ לִבֶּךָ... וְקַוֵּה אֶל ה'."**
(תהילים כ"ז:י"ד)

הכאב שבציפייה

בכפר קטן ליד מינסק חיו שלמה ודבורה, זוג צעיר נשוי חמש שנים ללא ילדים. ביתם היה מסודר, מלא ספרים וחום, אך בפינה אחת תמיד דקר ליבם: העריסה הריקה ליד החלון.

השכנים ניסו לנחם, אך לעיתים דבריהם פצעו. *"תתפללו חזק יותר,"* אמרו חלקם. אחרים לחששו: *"אולי אינכם ראויים."* הזוג חייך בנימוס, אך לילותיהם הסתיימו בכריות רטובות מדמעות.

בחירת האמונה

באביב אחד שב שלמה מן הבית מדרש ועיניו אדומות.
"דבורה," אמר, "היום דרש הרב: אמונה איננה להאמין כשנותן ה', אלא כשמונע ה'. אני רוצה שנחיה את האמת הזאת."

מאותו לילה החלו להזמין יתומים לשולחן שבת. הם מילאו את העריסה הריקה בבגדים מקופלים ובצעצועים לחלוקה. ביתם הדהד מצחוק ילדים — לא משלהם, אך צחוק בכל זאת.

השכנים תמהו: „מדוע אינם מתייאשים?" אך שלמה ודבורה ענו: „הקב״ה לא שכח אותנו. עד שיפתח רחמנו — נפתח את דלתנו."

הדרך הארוכה

השנים חלפו. שערותיהם הלבינו, פסיעותיהם הואטו. לא חדלו מלהתפלל, אך גם לא חדלו מלתת. עשרות ילדים זכרו את ביתם כחמים ביותר בשטעטל. יש שקראו לדבורה „מאמע דבורה," אף כי לא ילדה.

ובכל זאת, ברגעי השקט, העריסה ליד החלון הכאיבה. אמונה איננה מוחקת את הכאב, אך מעניקה את הכוח לשאת אותו.

הברכה הבלתי־נראית

בליל חורף אחד פרצה שריפה בעיירה. הלהבות טרפו בתים; משפחות ברחו אל השלג. היה זה ביתם של שלמה ודבורה — יציב, תמיד פתוח — שהפך למחסה. הם השכיבו ילדים בעריסה, לא משלהם, אך ניצולים מן הלהבות. האכילו, הלבישו, והרגיעו עשרות.

לימים אמר הרב: „הרי אתם רואים? הקב״ה נתן לכם ילדים — לא אחד, אלא רבים. העריסה מעולם לא הייתה ריקה. היא המתינה לתכליתה האמיתית."

מורשת האמונה

שלמה ודבורה לא זכו לילדים משלהם. אך כשעזבו את העולם, מאות התקבצו על קבריהם, ובכו כאילו על הוריהם. והמילים שנשמעו שוב ושוב היו: „הם לימדו אותנו אמונה."

מוסר השכל

עברית:
אמונה איננה מבטיחה תוצאה מסוימת, אלא מחייבת לבטוח שגם ההיעדר — מלא בתכלית. הקרבן הגדול ביותר יכול להפוך לברכה לאחרים, אם נישא אותו באמונה.

תרגום:
אמונה איננה מבטיחה את התוצאה שאנו חפצים בה. היא מצווה עלינו להאמין שגם ההיעדר מלא משמעות. הקרבן הגדול ביותר עשוי להפוך לברכה לאחרים — אם נישא אותו באמונה.

לקח: אמונה אינה נמדדת במה שקיבלנו, אלא באיך אנו חיים כאשר נדמה שתפילותינו אינן נענות.

ידיו של הרופא: אמונה בחולי (אמונה בחולי)

„רְפָאֵנוּ ה׳ וְנֵרָפֵא, הוֹשִׁיעֵנוּ וְנִוָּשֵׁעָה.״
„רפאנו ה׳ ונרפא; הושיענו ונושעה.״

(ירמיהו י״ז:י״ד)

האבחנה

בלמברג חי ברוך, חייט שחי חיים פשוטים. תפריו היו מדויקים, לשונו ענווה, ואמונתו יציבה. אולם בחורף אחד חלה קשה. ידיו, שהיו מהירות עם מחט וחוט, רעדו; גופו בער מחום. הרופאים נענעו בראשם. „*הכן את ביתך*,״ אמרו ברוך לב. „*אין ביכולתנו לעזור*.״

המילים נפלו כמשא כבד. אשתו בכתה ליד מיטתו, ילדיו נאחזו בשמלותיה. אבל ברוך לחש: „*הרופא אוחז בסכין, אך ה׳ מכוון את היד. עד שלא יאמר את דברו - לא איאוש*.״

מאבק הלילה

הלילות היו הקשים מכול. הכאב לחץ כברזל, הנשימה באה בהבלעות. בכל פעם שהרגיש את החושך סוגר עליו, אילץ את שפתיו ללחוש תהילים.

ריבונו של עולם,״ התפלל, „*אם תרפאני — אשיר חזק יותר מבעבר. ואם לא — בכל זאת אבטח בך*.״

משפחתו, ששמעה אותו, שאבה כוח מדבריו. הבית נעשה פחות חדר של פחד, ויותר מקדש של אמונה חרישית.

המפנה הבלתי צפוי

עם שחר אחד, בעיצומו של החום, בא לבקרו רופא צעיר שזה עתה הגיע לעיר. בדק את ברוך והציע "טיפול שיתר הרופאים דחו כשטות. "ייתכן שלא יעזור," אמר, "אבל אני מאמין שכדאי לנסות.

אשתו של ברוך היססה. האחרים כבר ויתרו. אך ברוך הנהן: "אם ה' שלח את הרופא הזה עד דלתי, אקבל אותו כשליחו."

הם הלכו אחר הטיפול. ימים חלפו. אט אט החום נשבר. הצבע שב ללחיו של ברוך, הכוח לגפיו. בתוך שבועות אחדים ישב שוב ליד שולחן התפירה שלו, המחט נוצצת באור השמש.

שיר התודה

כאשר שב לבית הכנסת, הקהילה הביטה בו כאדם שקם מקברו. ברוך הרים קולו בתפילת *נשמת כל חי* בעוצמה כזו שרבים בכו.

לימים אמר לילדיו: "אל תסמכו על הרופאים בלבד, ואל תבזו אותם. בטחו במי ששולח אותם. אמונה היא לדעת שכל רפואה, כל כישלון, וכל נשימה — באים מה'."

מוסר השכל

עברית:
האמונה בחולי איננה עיוורון לרפואה, אלא הבנה שהרופא רק שליח. ההחלטה — בידי רופא כל בשר.

תרגום:
אמונה בחולי אינה דחייה עיוורת של הרפואה, אלא ההבנה שהרופא הוא רק שליח. ההכרעה נתונה בידיו של רופא כל בשר.

לקח: אמונה משמעה לאחוז בידו של הקב"ה בעמק החולי — אם באמצעות רופאים, אם באמצעות תרופות, ואם על ידי ניסים.

הדרך לשום מקום: אמונה בגלות (אמונה בגלות)

„כִּי לֹא יִטֹּשׁ ה' אֶת עַמּוֹ."
„כי לא ייטוש ה' את עמו."
(תהילים צ"ד:י"ד)

הגירוש

בשנת רנ"ב (1492), כאשר גורשו היהודים מספרד, משפחות שלמות יצאו לדרכים, עגלותיהן עמוסות במעט שיכלו לשאת. ביניהן הלך רבי אליהו, מלמד זקן, מוליך את נכדיו בידו. זקנו היה לבן, גבו כפוף, אך עיניו בערו באור שלא נשבר.

הדרכים התמלאו יגון. יש שבכו, אחרים קיללו, ואחרים מלמלו במרירות: *"הקב"ה עזב אותנו. היכן הבטחתו?"*

אבל רבי אליהו לחש תהילים בצעדיו; כל פסוק היה צעד, וכל צעד – סירוב לייאוש.

לילת הרעב

בערב אחד, לאחר ימים של מסע, עצרו בשדה שומם. מזונם אזל. הילדים יבבו מרעב; אף הגברים החזקים ישבו דוממים, מביטים באבק.

שכן זעק: *"רבי, מה עכשיו? ננטשנו, נבגדנו!"*

רבי אליהו קיבץ את הילדים סביבו ואמר: *"בניי, זכרו זאת: יהודי בלי לחם יכול לשרוד. יהודי בלי אמונה – לא."*

הוא הרים ידיו לשמים וזימר חרש: *"אני מאמין באמונה שלמה."* אט־אט הצטרפו קולות נוספים, עד שהשדה הדהד בשירה. הרעב נותר – אך הייאוש נמוג.

היד הנסתרת

באותו לילה, כאשר המחנה ישן, התקרבו רוכבים. פחד אחז בהם — אך היו אלה סוחרים שאיבדו את דרכם. כשראו את הגולים הרעבים, פתחו את שקיהם וחילקו לחם ופירות יבשים.

"מדוע לשתף עמנו?" שאלו.

ראש החבורה משך בכתפיו: *"התכוונו למכור זאת בעיר הבאה, אך כוח מוזר הביאנו לכאן. אולי כך רצה ה'."*

חייך רבי אליהו בדמעות: *"אתם שליחיו. לא שכח ה' את עמו."*

המסע נמשך

הגולים הגיעו לנמל והפליגו לארצות חדשות. רבים נשאו עימם צלקות של אובדן. אך בכל קהילה חדשה סופר הסיפור: כיצד בלילה של ייאוש, האמונה האירה את הדרך והלחם הופיע כאילו מן השמים.

רבי אליהו חי עוד שנים מועטות בלבד, אך נכדיו זכרו את קולו: *"יהודי בלי לחם יכול לשרוד. יהודי בלי אמונה – לא."* והם לימדו זאת לילדיהם, אשר לימדו לילדיהם, עד שנהפכה אמירה זו לפעימת הלב של אומה נודדת, אך בלתי שבורה.

מוסר השכל

עברית:
בגלות ובאובדן, האדם עלול לחשוב שנעזב. אך האמונה מלמדת שגם בדרך לא ידועה, השגחת ה' הולכת לפנינו.

תרגום:

בגלות ובשעה של הפסד נדמה לאדם כי ננטש. אך האמונה מלמדת שגם בדרך לשום מקום – השגחת ה' צועדת לפנינו.

לקח: הגלות בוחנת את הגוף, אך האמונה מקיימת את הנשמה. יהודי שנושא עמו אמונה – לעולם אינו חסר בית באמת.

המטבע האחרון: אמונה בפרנסה (אמונה בפרנסה)

"פּוֹתֵחַ אֶת יָדֶךָ וּמַשְׂבִּיעַ לְכָל חַי רָצוֹן."
"פותח את ידך ומשביע לכל חי רצון."
(תהילים קמ"ה:ט"ז)

הקופיק האחרון

ר' הרשיל, רוכל ממינסק, נקלע למצוקה. החורף היה קשה, והמסחר קפא כנהרות. בוקר אחד בדק את כיסו ומצא מטבע יחיד בלבד — קופיק אחד. ארונו היה ריק, ילדיו רעדו בסמרטוטים.

אשתו הביטה בו בעיניים עייפות: "הרשיל, הוצא אותו בחכמה. לפחות לחם אנו צריכים."

הרשיל הנהן. אך בלבו סערה: *המטבע הזה הוא עוגני האחרון. האם להיאחז בו — או לשחררו לידיו של הקב"ה?*

מבחן קופת הצדקה

בדרכו דרך השוק חלף ליד בית הכנסת. בפתחו עמדה קופסת עץ קטנה, חריצה שחוק מדורות של מטבעות. הרשיל עצר. המטבע בכיסו היה כבד כברזל.

קול פנימי אמר: *שוטה! שמור אותו לילדיך.*
וקול אחר לחש: *בטח בה'. מה שניתן למענו לעולם איננו אובד.*

באצבעות רועדות השליך את המטבע לקופה. צליל החלול הדהד חזק מכל קריאות השוק. כיסו התרוקן — אך לבו התמלא קלות משונה.

ההשבה הנסתרת

באותו אחר הצהריים, בדרכו חזרה, התיז גלגל מרכבה בוץ על מגפיו. הסוחר העשיר שבתוכה הציץ החוצה, מתנצל: *"איש טוב, מגפיך נהרסו! בוא מחר לחנותי; אשלם לך על עור חדש ועל מלאכתך לעשות לי זוג מגפיים."*

וכך היה. לא רק למלאכה אחת שכרו, אלא לעבודת קבע. בתוך שבועות ספורים התמלא ביתו של הרשיל במזון, ולחיי ילדיו אדמו בבריאות.

כששאלה אשתו מניין החל השינוי, הצביע על קופת הצדקה שבפתח בית הכנסת.

הלקח שנשמר

מאותו יום הפריש הרשיל מטבע מכל רווח, קטן ככל שיהיה. ילדיו למדו בגיל צעיר: *הפרנסה אינה במטבע שבכיס, אלא בידו של הקב"ה.*

ובשנים שלאחר מכן, כשסיפרו על מזלו של אביהם, לא הזכירו את הסוחר ולא את המגפיים. אמרו רק: *"הכול התחיל עם המטבע האחרון, שניתן באמונה."*

מוסר השכל

עברית:

הפרנסה איננה מן הכיס אלא מן השמים. דווקא כאשר האדם נותן את המעט שיש לו, נפתחים שערי ברכה.

תרגום:
הפרנסה אינה באה מן הארנק, אלא מן השמים. דווקא כשהאדם נותן מן המעט שבידו — נפתחים שערי הברכה.

לקח: האמונה החזקה ביותר בפרנסה מתגלה לא כאשר נותנים מתוך שפע, אלא כאשר סומכים על הקב״ה עד כדי נתינה מן המטבע האחרון.

מזמורו של החייל: אמונה בסכנה (אמונה בסכנה)

אִם־תֵּלֵכוּ בְּחֻקֹּתַי... וְנָתַתִּי שָׁלוֹם בָּאָרֶץ.״„
„אם תלכו בחוקותי... ונתתי שלום בארץ.״
((ויקרא כ״ו:ג׳,ו׳

שדה הקרב

בשנת תרע״ד (1914), כאשר אירופה בערה במלחמה, אלפי נערים יהודים גויסו לצבאות לא להם. ביניהם היה משה, תלמיד ישיבה משטעטל קטן בליטא. יום אחד היה רכון על גמרא; למחרת נשא רובה, פאותיו נגזזו, וגופו נתון במדים שהרגישו יותר כגלות מאשר כלבוש.

שדה הקרב היה תוהו ובוהו — בוץ, עשן, שאון התותחים. פחד ארב בכל תעלה. חיילים רבים מלמלו קללות, אחרים אחזו בקמיעות. משה, רועד אך נחוש, נשא בכיסו ספר תהילים קטן.

המזמור בתעלות

״?בערב הקרב לעגו לו חבריו ברכות: *„משה, האם אתה חושב שהספר הקטן שלך יעצור כדור*

״הוא חייך קלות: *„לא. אבל מי שדבריו בו — יכול.*

באותו לילה, לאור גזיר נר, לחש את פרק צ״א בתהילים: *„יֹשֵׁב בְּסֵתֶר עֶלְיוֹן בְּצֵל שַׁדַּי יִתְלוֹנָן.״* קולו נרקם בחשכה, ואף הספקנים השתתקו, מאזינים כאילו הייתה זו ערש שיר.

הנס

למחרת, פגזים ירדו כגשם. אנשים צרחו; האדמה רעדה. משה אחז בספר התהילים שלו, משנן פסוק אחר פסוק בשעה שהשמיים נבקעים באש. לפתע, פגז נחת ממש לידו — ולא התפוצץ.

חבריו הביטו בתדהמה. *"זה בלתי אפשרי,"* לחש אחד. *"הפגז הזה היה גזר דין מוות.*

משה נגע בספר התהילים, ודמעותיו התערבבו בבוץ שעל פניו. *"לא,"* לחש, *"זה היה גזר דין חיים — שנכתב בידי ה'."*

אחרי המלחמה

משה שרד את הקרבות ושב לשטעטל שלו. מעולם לא דיבר על עצמו כגיבור. במקום זאת, לימד ילדים בחדר, והראה להם את ספר התהילים הבלוי עם שקע הפגז שטבוע בכריכתו. *"זה המדליה שלי,"* אמר. *"האמונה היא המגן שאינו מחליד לעולם."*

מוסר השכל

עברית:
במקום שבו חרב ודם שולטים, האמונה מגלה כי החיים אינם בידי חייל או פגז אלא ביד ה'. כל נשימה – מתנה.

תרגום:
במקום שבו שולטות חרב ודם, האמונה מגלה שהחיים אינם נתונים בידי חיילים או פגזים אלא בידיו של הקב"ה. כל נשימה — מתנה

לקח: האומץ האמיתי אינו בנשק, אלא באמונה שגם במלחמה — ה' שומר על בניו.

גשר האמונה: אמונה במעבר (אמונה במעבר)

„כִּי תַעֲבֹר בַּמַּיִם אִתְּךָ אָנִי, וּבַנְּהָרוֹת לֹא יִשְׁטְפוּךָ."
„כאשר תעבור במים אני איתך, ובנהרות לא ישטפוך."
(ישעיהו מ״ג:ב׳) (

המעבר

בכפר הררי במזרח אירופה השתרע גשר עץ מעל נהר שוצף. הסוחרים פחדו ממנו, שכן הקרשים היו רקובים והזרם למטה בלע כל דבר שנפל. ובכל זאת, הגשר היה הדרך היחידה לשוק.

ר' יצחק, מלמד שבקושי היה לו כדי לפרנס את משפחתו, נאלץ לעבור. שק ספריו העיק על גבו, ופניהם הרעבים של ילדיו העיקו עוד יותר על לבו. על סף הגשר היססו הסוחרים, לוחשים על הסכנה. יצחק לחש תהילים.

הפחד

כשהניח את רגלו על הקרשים החרקים, אחז בו פחד. כל אנחה של עץ נראתה לו כלעג לאמונתו. באמצע הדרך התחזק הרוח, הנהר געש בקול, והפחד כמעט החזיר אותו לאחור.

אך אז נזכר בדברי אביו: *„כאשר הקב״ה קורא לך לעבור, הגשר חזק יותר ממה שנראה. אל תביט במים — הבט ביד שמחזיקה אותך מעליהם."*

יצחק עצם את עיניו, אחז בחבלים ושר חרש: *„ה׳ לי, לא אירא."*

צעד האמונה

בכל צעד הלך קולו וגבר. נוסעים אחרים, שקפאו על מקומם בקצה, שמעו אותו וקיבלו עוז. אחד אחד הלכו בעקבותיו, וקולם הצטרף לשלו. הגשר עוד רעד, אך הפחד כבר לא שלט.

כשהגיעו לגדה השנייה, חיבקו אותו הסוחרים: "קולך הוא שנשא אותנו, לא הקרשים."

יצחק הניד בראשו: "לא. זו ידו של הקב״ה. אני רק הזכרתי לכם שהיא שם."

הלקח לתלמידיו

באותו ערב בחדר סיפר יצחק לתלמידיו: "החיים מלאים גשרים. יש חזקים, יש רעועים. אל תמדדו את חוזקם בעיניים אלא באמונה. הנהר שואג להפחיד, אך הקב״ה נושא אותנו עליו."

שנים לאחר מכן, כשעמדו תלמידיו על פרשת דרכים בחייהם, נזכרו בסיפור רבם. וגם הם לחשו: "ה' לי, לא אירא."

מוסר השכל

עברית:
כל גשר בחיים נראה רעוע, אך מי שמביט ביד ה' ולא במים הזועפים – עובר בשלום.

תרגום:
כל גשר בחיים נדמה רעוע, אך מי שמכוון מבטו לידו של הקב״ה ולא למים הסוערים — עובר בשלום.

לקח: האמונה איננה משתיקה את נהמת הנהר — היא נותנת לנו את הכוח לעבור אותו

החייל הבודד – קורבנו של ארל

מן האפר קם לתחייה

הוא היה רק נער צעיר כשהותיר מאחור את שערי הגיהינום. המחנות לקחו ממנו הכול – את הוריו, את אחיו ואחיותיו, את כפרו ואת ילדותו. כששוחרר סוף־סוף, עמד לבדו בעולם. לא בית, לא משפחה, לא עתיד – רק זיכרונות שגזלו ממנו את השינה בלילות.

ובכל זאת החליט: **אחיה.**

וכשנשמע הבשורה שיש עם ישראלי שקם בארצו, שיש מקום שבו העם היהודי יכול להגן על עצמו – הוא ידע לאן עליו ללכת. הוא הפליג אל ארץ ישראל – תשוש, שבור, אך בליבו בערה גחלת אחת: **התקווה.**

במדים

הוא קיבל לידיו רובה, לבש מדים שגדולים היו עליו בכמה מידות, ושמע פקודות בעברית – שפה שטרם הבין. לשונו עדיין הייתה יידיש ופולנית, אבל את שפת המלחמה כבר שמע די והותר: פקודות, צרחות, ריח אבק השריפה.

ובכל זאת – כאן היה שונה.

זו לא הייתה מלחמת חורבן – אלא מלחמת התחלה. כאן לא נלחם כדי לשרוד, אלא כדי **לבנות.**

בצבא נתנו לו שם: *חייל בודד.*

אך בליבו לא חש בדידות. הוא נלחם בעבור עמו, בעבור עתיד שבו ילדים בירושלים יצחקו **בלי** – **פחד.**

החברות

בתוך בדידותו מצא חבר אחד – שמו היה **ארל**, נער מיפו שגדל עם הים, עיניו שחורות ובורקות, חיים. הם כמעט לא יכלו לדבר – זה דיבר עברית עילגת, וזה רק מעט יידיש – אך הבינו זה את זה בלי מילים.

הם חלקו לחם, חלקו פחד, ולפעמים – לרגעים קצרים – חלקו חלומות.

אמר לו ארל פעמים רבות:

„ שמע, אחי – אתה שרדת את המחנות. אתה **חייב** לחיות. אתה צריך להראות לעולם שלא

"כולנו נרצחנו. אם רק אחד מאיתנו יישאר כדי להעיד – זה כבר שווה הכול".
החייל חייך חיוך עייף, ודמעות עלו בעיניו. הוא ידע שארל צודק.

הקרב

ביום אחד, בקרב עקוב מדם ליד לטרון, הסתערו שניהם קדימה. כדורים שרקו סביבם, עשן מילא את האוויר.

החייל הבודד הרגיש איך גופו קופא מפחד – הוא כבר היה שם פעם, באירופה.

אבל הפעם היה שונה: הוא לא נלחם בשביל מפקד נאצי – אלא בשביל עמו.

פתאום נשמע ירי – חד, קרוב. הכדור היה מכוון אליו.

ובשבריר שנייה קפץ ארל קדימה. הוא קיבל את הכדור בחזהו.

החייל צעק את שמו, אך רעש הקרב בלע את קולו.

הוא כרע לידו, בעוד הדם נבלע באדמה.

ארל הביט בו, עיניו עדיין יוקדות, ולחש בקולו האחרון:

"**חיה... חיה בשביל שנינו. אתה חייב לספר את הסיפור**".

ואז – השתררה דממה.

חייל ותהילים

לאחר הקרב עמד החייל הבודד לבדו, רובה בידו וספר תהילים בכיסו.

הוא פתח אותו בידיים רועדות וקרא:

"**לֹא אָמוּת כִּי אֶחְיֶה, וַאֲסַפֵּר מַעֲשֵׂי יָהּ**".

(תהילים קי״ח, י״ז)

"'לא אמות כי אחיה, ואספר מעשי ה'".

המילים הללו נעשו שבועתו.

הוא יחיה – לא רק בשביל עצמו, אלא בשביל ארל, בשביל כל הנופלים – במחנות ובשדה הקרב.

אפילוג

שנים אחר כך, בביתו שבמדינת ישראל הפורחת, ישב וסיפר את סיפורו לנכדיו.

הוא הצביע על תמונה שעל הקיר – צעיר בעיניים כהות ובחיוך נצחי.

"זהו ארל," אמר חרש. "הוא נתן את חייו כדי שאני אוכל להמשיך את שלי. לעולם אל תשכחו את שמו. בזכותו אני חי – ובזכותו גם אתם חיים".

ובאותה שעה, בתוך הבית המלא ילדים ונכדים, התברר:
קורבנו של ארל נשא פרי.
עם ישראל חי.

בשישה ימים השתנה העולם לנצח

חלק א – לפני הסערה

שמו של החייל היה **אבי שלֵו**.
הוא היה בן עשרים ואחת, נולד בשנים של תקווה ופחד – השנים שעיצבו את מדינת ישראל הצעירה.
הוריו שרדו את חורבן אירופה והגיעו לחיפה עם מזוודה אחת ואמונה בלתי מתערערת שהארץ שהובטחה לאבותיהם תשיב להם חיים.
אבי גדל בדירה צנועה מעל חנות מכולת, שם נספגו בקירות ריחות של תפוזים ומלח־ים מן הנמל הקרוב.

החיים בישראל בראשית שנות השישים לא היו קלים, אך אבי זכר אותם כזמן של עקשנות ובנייה.
אמו תיקנה את חולצותיו באותן ידיים שסחבו אבנים במחנה פליטים.
אביו, שכמעט ולא דיבר על עברו, הניח סידור ליד מיטתו ולחש מדי ערב את *שמע ישראל* בשקט.
מאביו למד שאמונה איננה במילים אלא בעמידה איתנה. מאמו למד שאהבה איננה רגש בלבד אלא מעשה של בנייה — עוד ארוחה, עוד רצפה לנקות, גם כשכואב.

כאשר קיבל צו גיוס לצה״ל, עמדו הוריו זקופים וגאים.
אביו חיבק אותו בעיניים דומעות ואמר רק:
"אתה הוא תשובתי לפרעה, לעמלק, ולכל מי שאמר שלא נשרוד."

שמועות מלחמה

בשנת 1967 היה אבי צנחן, מוצב ליד הרי יהודה.
הידיעות עברו במהירות באביב: מצרים מרכזת כוחות בסיני, סוריה מאיימת מן הצפון, וירדן משמיעה נאומי נקמה.
האוויר בקיבוצים ובערים היה כבד במתח.
האם זה הסוף? רדיו בכל פינה שידר חדשות, ואימהות לחשו זו לזו בשוק.

אבי כתב מכתבים להוריו, משתדל שלא להבהילם.
"אל תדאגו," כתב בכתב ידו הלא סדיר, "אנחנו חזקים. ה' איתנו. כולנו אחים בשורה אחת."

אבל בלילות, כששכב על מיטת הברזל, הודה בלבו כי הוא מפחד.
המספרים היו קודרים: פחות מטוסים, פחות טנקים, פחות חיילים.
האויבים נשבעו להשליך את ישראל לים.
המדינה הייתה רק בת תשע־עשרה — חלום צעיר — ועכשיו נדמה היה שהוא עומד להיעלם.

ההמתנה

בסוף מאי הושארו החיילים בבסיסיהם. ימים הפכו לשבועות.
אבי וחבריו התאמנו, ניקו נשק, בדקו שוב ושוב מצנחים.
אך הכובד האמיתי לא היה הנשק — אלא **ההמתנה**.

באותם ימים חשב אבי רבות על ירושלים.
מעולם לא ראה אותה באמת.
ביקר רק בשכונות המערביות החדשות — בתי הקפה, הרחובות הצרים — אך העיר העתיקה
נותרה מאחורי הגבול, בידי ירדן מאז 1948.
הוא שמע על הכותל, שריד בית המקדש, רק מספרים ולחישות של סבים וצליינים.
בשבילו הייתה זו אגדה — קיר של אבן ששמע את זעקות הדורות, קיר שחיכה לעם שישוב.

כאשר התפלל עם חבריו, דמיין את האבנים הללו.
שאל את עצמו איך ירגיש אם יניח עליהן את כפו, וילחש *שמע ישראל* אל תוך סדקיהן.

בלילה אחד, כשניסו החיילים להירדם, החל אחד הוותיקים, משה, לזמזם חרש מנגינה.
זו הייתה *ירושלים של זהב*.
המילים ריחפו באפלה:
“העיר אשר בדד יושבת ובליבה — חומה.”
עורו של אבי סמר. הוא לחש לעצמו:
“האם אזכה לראותה?”

הפרידה

ב־4 ביוני הגיעו הפקודות.
אלא של *מתי*, המלחמה כבר לא הייתה שאלה של *אם*.
אבי קיבל חופשה של עשרים וארבע שעות לראות את הוריו.

הוא עלה על אוטובוס לחיפה. הרחובות היו שקטים מן הרגיל; אפילו הילדים דיברו בלחישות, כאילו גם הם הבינו את כובד הרגע.

אמו ערכה שולחן מלא מאכלים אך כמעט לא אכלה.
היא ישבה מולו, בוחנת את פניו כאילו רצתה לחרוטם בזיכרונה.
"אתה תחזור," אמרה בתקיפות, אף שקולה רעד. "תזכור — אתה נושא דורות שלמים איתך."

אביו ליווה אותו אל הדלת. הם עמדו זמן רב בשתיקה.
אז הניח את ידיו על ראשו, כברכה של כהן:
"ה' ישמור צאתך ובואך. וכשתראה את הכותל," לחש, "נשקהו גם בשבילי."

בוקר המלחמה

עם שחר, ב־5 ביוני, פילחו הסירנות את הדממה.
המלחמה החלה.
מטוסי אויב הושמדו על הקרקע במתקפה מפתיעה, והקרבות פרצו בכל החזיתות.
ירושלים קראה להם — יחידתו של אבי הוזעקה למרכז.

הנסיעה הייתה מתוחה; אוויר מלא אבק, ריח זיעה ושמן.
טנקים שאגו על הכביש, ג'יפים חלפו עם פקודות.
אבי אחז ברובהו, מפרקי אצבעותיו מלבינים.
ירושלים.
הוא לא ידע אם יישאר בחיים כדי לראותה — או אם היא תהיה הדבר האחרון שיראה.

בלבו נשא את ברכת אביו, את מבטה של אמו, ומשהו עתיק מהם:
זיכרון העם שחלם לשוב.
כך התקדמו הצנחנים — הישר אל תוך סערת ההיסטוריה.

חלק ב – הקרב על ירושלים

העיר שבפנים

קול התותחים מילא את האוויר כאשר יחידתו של אבי התקרבה לירושלים.
הגבעות סביב העיר היו מלאות בבונקרים, גדרות תיל וצלפים ירדניים.
תשע־עשרה שנה הייתה העיר העתיקה סגורה, ועתה ניתנה לצנחנים המשימה הבלתי אפשרית — לפרוץ אל לב העם היהודי.

המשאיות עצרו בשער מנדלבאום.
אבי קפץ לקרקע; סביבו גברים הידקו קסדות, בדקו רובים, חגרו חגורות.
קדימה: הפקודה עברה בין השורות.

כל פינה — סכנה.
הירדנים שלטו בכל גג וסמטה.
כדורים ניתזו מן הקירות, ענני אבק כיסו את הרחובות.
משה לחש:
"**תהיו קרובים זה לזה, בחורים. אל תשכחו — זו ירושלים.**"

גבעת התחמושת

הקרב הקשה ביותר ניטש בגבעת התחמושת.
הירדנים בנו מערכת בונקרים ותעלות מתוחכמת, מאוישת בלוחמי עילית.
כיבוש הגבעה היה המפתח אל העיר העתיקה.

להסתער: בחצות קיבלה היחידה פקודה.
הלילה נקרע באור הבזקי הפגזים; כדורים שרקו, גברים נפלו.
אבי קפץ אל תוך תעלה ונחת בחבטה.
חייל ירדני זינק עליו עם כידון.
נשקו נתקע; הפחד אחז בו — אך האינסטינקט גבר.
הוא הכה בקת הרובה והדף את האויב לאחור.
יריות נשמעו לידו; יוסי, חברו, הציל את חייו.

"זוז, אבי!" צעק יוסי.

הם המשיכו קדימה — רימון אחר רימון, תעלה אחר תעלה.
האדמה רעדה, האוזניים צלצלו.
עד עלות השחר הגבעה הייתה בידיהם, אך המחיר היה נורא.
אבי ישב לצד שקי חול, ידיו רועדות.
הוא ידע שכל חיי חבריו שנפלו היו חלק ממשהו גדול ממנו.

הפקודה להתקדם

למחרת, ב-7 ביוני, נשמעה הפקודה:
"צנחנים — קדימה לעיר העתיקה!"
הלבבות לא האמינו.
העיר העתיקה — מבוך האבנים שהיה סגור בפני יהודים מאז תש"ח.
אביו דיבר עליה ביראה, כאילו על עולם אחר.
ועכשיו הם – עייפים, חבולים – נקראו לשוב אליה.

שער האריות

נקודת הכניסה הייתה **שער האריות**.
הטנקים חרקו לעצירה; הצנחנים קפצו מהם ורצו קדימה.
"קדימה!" קרא המח"ט מוטה גור. "קדימה!"

הם פרצו בסמטאות, כדורים ניתזו מהאבנים.
אבי הרגיש את ליבו פועם בפחד וביראה גם יחד.
חיכינו לכם: כל אבן לחשה.

הקרבה ואומץ

ליד כנסיית סנט אנה נפתחה עליהם אש פתאומית.
אבי התחבא מאחורי קיר. יוסי נפגע ונפל.
אבי זחל אליו ומשך אותו לאחור.
"לך," לחש יוסי בכוחו האחרון, "אל תישאר בשבילי. ירושלים... מחכה".
אבי לחש באוזנו את *שמע ישראל* והמשיך הלאה, כל צעד שבועה חדשה.

אל עבר הר הבית

הקרבות שככו. שמועות נפוצו: הירדנים נסוגים.
ואז – לפתע – נפרשה העיר העתיקה לפניהם.
הר הבית זהר תחת שמש יוני צורבת
ומעבר לו – הכותל.

קול המפקד הדהד במכשיר הקשר:

”הר הבית בידינו!“

החיילים בכו, התחבקו, נפלו על ברכיהם.

אך אבי ידע – עליו לראות במו עיניו.

חלק ג – בכותל המערבי

השער אל הלב

השמש כבר עמדה בגובה השמים כשצעדו הצנחנים בסמטאות.

כל אבן דיברה.

ואז הגיעו לכיכר הפתוחה — והכותל לפניהם.

גבוה, איתן, מלא סדקים ופתקים של דורות.

אבי צעד לאט, עיניו דומעות.

זהו המקום שאבי חלם עליו. שאמי התפללה אליו.

החיילים סביבו בכו. שופר הדהד בשמים.

מגעו של אבי

אבי נגע באבן הקרה.

מצחו נשען עליה, ולחש:

”לֹא אָמוּת כִּי אֶחְיֶה, וַאֲסַפֵּר מַעֲשֵׂי יָהּ.“

חשב על יוסי, על הנופלים, על אביו.

ונשק לאבן: **”אבא — זה בשבילך.“**

תפילה של דורות

השקט שנפל היה שקט של נצח.

קולות דורות מילאו את החלל.

הרב שנכח עימם בירך בקול חנוק:

”ברוך אתה ה', שהחיינו וקיימנו והגיענו לזמן הזה.“

והחיילים ענו ”אמן.“

פתק בין הסדקים

אבי שלף פתק קטן שכתב בזמן ההמתנה:
"הענק שלום לעמי, כוח להוריי, וסלח לי אם לא אשוב."
הוא תחב אותו בין האבנים, ונשם לרווחה.

אחים על הקיר

החיילים עמדו יחד, זרועות שלובות.
יש שהתפללו, יש שבכו בשתיקה ,יש ששרו *אני מאמין*.
משה לחש לו:
"אנחנו הדור הראשון זה אלפיים שנה שעומד כאן כעם חופשי."
אבי הנהן. דמעותיו דיברו במקומו.

השבועה

בשעה שהשמש הזהיבה את האבנים, נשבע אבי בלבו:
יחיה — בשביל יוסי, בשביל ההורים, בשביל הדורות שלא זכו.
יספר את הסיפור. יעיד שהחלום לא מת.

חלק ד – אחרית וירושה

שנים אחר כך

עברו שנים מאז ששת הימים ששינו את ההיסטוריה.
אבי שלֵו הזדקן, הקים משפחה, ילדים ונכדים.
אך בלבו נותרו ריחות האבק והאבק שריפה, וקול השופר באוזניו.
בביתו שבישראל הפורחת הביט בתמונות שעל הקיר — של חברים שנפלו, של הוריו, ושל אותו יום בכותל.

סיפור לדורות

בשבתות ביקשו נכדיו:
"סבא, תספר שוב על ירושלים."
והוא חייך, התיישב, וסיפר: על הפחד, על ההמתנה, על גבעת התחמושת, על שער האריות ועל הכותל.
והילדים הקשיבו בדממה, כאילו ראו את הסצנה בעיניהם.

השם שלא יישכח

על הקיר תלויה הייתה תמונתו של יוסי.
אבי הצביע ואמר:
"זהו יוסי. הוא הציל את חיי ונתן את שלו כדי שנגיע לכאן. אל תשכחו את שמו."
הנכדים הנהנו. יוסי הפך חלק ממשפחתם.

עדות חיה

יום אחד לקח אבי את משפחתו לירושלים.
הם הלכו יחד באותן סמטאות, עד שהגיעו לכותל.
הנכדים נגעו באבנים; הוא עמד מאחוריהם, ולחש:
"תודה לך, ה'. השבת אותנו. נתת לי לחיות."

המורשת

באותו ערב כתב ביומנו:
"היינו צעירים ופחדנו. נלחמנו כי היינו חייבים, אבל גם כי האמנו. העולם חשב שלא נשרוד —
והנה אנו כאן. הכותל איננו לבדו עוד. עם ישראל חי."

הוא סגר את הספר וחייך.
כי ידע — האבנים ספגו את סיפורו, וימשיכו ללחוש אותו לדורות.

סיום

.הד החצוצרה מאותו יום ליווה את נשמתו עד נשימתו האחרונה
:וכל דור חדש שנוגע בכותל לוחש בלב את אותן מילים שאבי לחש אז
".לֹא אָמוּת כִּי אֶחְיֶה, וַאֲסַפֵּר מַעֲשֵׂי יָהּ"

.כך היה חייו של אבי שלֵו — לא רק כחייל שניצל, אלא כעד חי, גשר בין עבר לעתיד
:ובחיוך נכדיו ובשירי עם ליד הכותל נשמע התשובה לכל פחד וכל הקרבה
עם ישראל חי

•

מלחמת יום הכיפורים

פרק 1 — יום הדממה

בבוקרו של יום הכיפורים החזיקו רחובות ירושלים את נשימתם. תריסים השתלשלו חצי־מורדים מול הלובן הלוהט, חתולים ישנו ברצועות אור ארוכות, והאבנים העתיקות כאילו הורידו את חומן תחת לחישת התפילה. בבתי הכנסת בכל העיר נרקמו הלחישות לתחנונים, לשירה. הארץ כולה הייתה להבה אחת, שברירית ושקולה.

אבי כהן, בן עשרים ושמונה — בעל, אב, מפקד טנק בחטיבה 7 — עמד עטוף בטלית ליד אביו. השול נתלה על כתפיו ככנפי יונים. כשמלמל "אבינו מלכנו", נשברה קולו — רך, כמעט מודה — קולו של אדם שלמד לשאת שאלות שאין להן תשובה. מאחורי המחיצה ישבה מרים עם בתם הקטנה, תמר, שעקבה בקצה אצבעה על אותיות ההבלטה שבמחזור, כאילו הדיו הזהובה יכולה לחמם את עורה.

הוא חשב על השנה שחלפה: היום הראשון של תמר בגן; הרדיאטור הסדוק בדירתם הקטנה ששרק כל החורף כנחש עצבני; אימוני הטנקים באבק הקיץ שבו הגולן נפרש כבהמה ישנה. הוא חשב על הבטחות: להמתין בסבלנות, להיות אמיץ, לחזור הביתה.

בית התפילה תפח עם "ונתנה תוקף". "מי באש, ומי במים..." המילים היו מראה וחרב כאחת. אצבעותיו של אבי נאחזו בספסל העץ כאילו יוכל לעגן בו את כל העולם, למנוע ממנו להסתובב.

החייל במדים ירוקים נכנס במהלך מוסף. לא במגפי־רעם. לא בדלת נטרקת. הוא עמד ממש על הסף, כאילו אינו בטוח אם קילקל משהו קדוש. שפתיו נעו אל אוזנו של הרב; עיני הרב נעצמו. מבטו רפרף על עזרת הגברים עד שעיניו מצאו את אבי.

"צו שמונה," אמר הרב חרש, רעד בזקנו. "קריאת חירום."

עיניה של מרים כבר היו עליו — פעורות, ועם זאת נחושות. היא החליקה לתמר את השיער מאחורי האוזן, נשקה לראשה, וקמה. הם נפגשו במעבר הצר הסמוך לעזרת הנשים.

"אני חוזר," אמר.

"אתה חוזר," ענתה, והמילה שכבה ביניהם כתפילה וכהסכמה.

בחוץ הייתה לאוויר אותה דומייה גבוהה ולבנה השמורה לימי תענית. ילד על תלת־אופן עצר להביט במשאית הירוקה שעמדה רוטטת לצד המדרכה. במרחק, סירנה ניסתה את הטון היורד היחיד שלה — ושתקה. אבי טיפס לאחורי הרכב, הדלת נטרקה, והעיר החליקה לאחור

בתוך המשאית ישבו גברים נוספים בדומייה, הטליתות מקופלות על ברכיהם כמצנחים שנכנעו. כשהרדיו צרצר, הנהג כיבה אותו מתוך רפלקס, שוכח שלא שבת היא אלא משהו כבד ממנה — יום שבו אף נשימה נושאת משקל. המשאית עלתה וירדה, נשחלה דרך עמוד השדרה של הארץ. כשחלפו על פני מושב קטן, עמדו משפחות לבושות לבן וצמות. אישה הרימה יד — לא בדיוק ניפוף, לא בדיוק ברכה — והצמידה את אצבעותיה לשפתיה.

באותו רגע הרגיש אבי את הסדק הראשון, הדק כחוט שיער, חוצה את היום.

בשעה 14:00, בעודו נכנס למדי השריון במחסן הטנקים, נבקע השמים בקול ארטילריה. לא ממש קול; שינוי לחץ, קיפול מרחקים. זה היה מצרים החוצה את תעלת סואץ מאחורי חומת אש. זו הייתה סוריה שפורשת אגרוף פלדה על הגולן. בדרום הבהקה קו בר־לב כשורת גפרורים מוצתים. בצפון התגלגלו למעלה מאלף טנקים מול פחות ממאתיים.

הרכז־קשר החוויר. “הם פגעו בנו ביום כיפור,” אמר, כאילו הקריאה בשמה תצמצם את המעשה.

אבי החליק את דיסקיות הזיהוי על צווארו והרגיש את הנשיקה הקרה על עצם החזה. הוא כפתר את חולצתו, השחיל יד לשרוול, וחשב — באופן מגוחך כמעט — איך מרים תתנער את המעיל כשהוא ישאיר אותו לח בכליו. “אתה מרתיב לי את כל הבית,” הייתה מגרה אותו בחיוך. הוא תחב את הזיכרון הזה לכיסו כתלית קטן, ורץ לסככות הטנקים.

פרק 2 — אש ראשונה

הגולן נושא בדמדומים את צבע הנחושת העתיקה. שדות הבזלת כבר פלטו את חום היום כשפלוגתו של אבי התגלגלה מזרחה, זחלילים לועסים את הדרך, מנועים הומים מזמורי ברזל נמוכים. האבק עטף הכול באותו כתום עייף: שיירות הטנקים; הבחורים הגמישים והרזים שישבו עליהם; עצי השקד הכפופים מול הרוח.

“שלמה, אתה על התותח,” אמר אבי ושקע בצריח המפקד. “יצחק, תחמושת — היום ידיים מהירות. אייל, שמור מרחקים אמיתיים.”

“כן, מפקד,” עלה המקהל — הקצב המיומן של אנשים שאכלו מאותה סיר, קיללו אותם מדריכים, הכירו זה את בדיחותיו הרעות ואת מנהגיו הטובים. אייל הקיש בפרק על מד הטווח. “אמיתיים מספיק,” מלמל.

הפגזים הראשונים מצאו אותם כשעלו רכס נמוך. אור קרע את הדמדום מאה מטר משמאל — פרח פגיעה, לבן במרכזו, עפר ניתז למעלה כזיקוקין בלי שמחה. שלמה קילל חרש; אבי לא תיקן אותו. הוא נשען אל הפריסקופ.

”.עמוד טנקים בשעה אחת,” אמר אייל. “מרחק: אלף ומאתיים חמישים“

זהה,” פקד אבי, אף שגופו כבר ידע. הצלליות לא ניתנות לטעות — כתפיים זוחלות, לועות “ .כבדים, זוחלים בשורה סבלנית

”.טי־שישים ושתיים,” אמר שלמה. “הרבה“

הרבה’ זה לא דגם,” רטן יצחק, בעודו מרים את הפגז הראשון. ידיו היו מהירות ושקטות — ‘“ .ידי קצב, ידי מיילדת

”.ח״ש טעון,” אמר אבי. “סיבוב... שמאלה—שמאלה—החזק—סמן. אש“

הטנק רעד ברעד שחודר דרך העצמות ונתקע מאחורי העיניים. נשימה אחת לאחר מכן התרומם צריח סורי מן השלדה כאילו ניסה שוב את כוח הכבידה — ואז קרס בפרח של אש. הצוות לא .הריע. הם טעינו שוב

”.ימין—מאתיים—החזק—אש“

.טנק נוסף עלה בלהבות

הסורים — מופתעים מעוצמתו של אויב שציפו לו לא־מוכן וצם — התפזרו, התאגדו מחדש, דחקו חזק יותר. העמק — לימים יינתנו לו שם, שורה של שמות — נפער כלוע. זחלילים כתבו .תלתלים שחורים על הגבעות

.שעה אחת, מתקרב! מרחק תשע־מאות!” קרא אייל, קולו כעת גבוה“

”.אש“

”!פגיעה“

”!טען“

”!מוכן“

”!סובב“

המחשבות — לא. בחצי השניות שבין הפקודות יצאה רוחו של אבי מן .שפת הקרב תמיד קצרה הפריסקופ ועברה מיילים. הוא ראה את האור הלבן של בית הכנסת, את הארון הפתוח כארון זהב, את שפתיו של אביו יוצרות “שמע ישראל”. ראה את ידה של מרים על ראש תמר, שלוש אצבעות רחבות, שמש קטנה בגידי פרק היד. ראה את עצמו ילד, מקלף תפוז על המדרגה האחורית, הקליפה נפרמת בסליל אחד — גאווה מגוחכת החזיקה בו. הכל חריף כמו כוונת .הצלב — וחולף מהר כמותה

פגז כבד התפוצץ קרוב מדי, הטנק התרומם טפח ונחת. הכול צלצל — נירוסטה בעצם, עצם באמונה. עשן גלש פנימה דרך סדקים שאף מהנדס לא מספק בזמן. יצחק גנח. "אני בסדר," הוסיף אחרי שנייה, לפני שמישהו ישאל.

שעות נמתחו. הלילה לא ריענן. הוא היה לעור שני של חצץ וזיעה. האור הירוק של הסורים משך קווים ישרים של זדון; האדום של הישראלים השיב בכתב יד מעוגל. אנשים מתו בהבזקי סדר ובדרכים מכוערות. ברשת עלו קולות, נשברו, נעלמו. מ״פ, שעשתה שלווה שלו עוגן לעשרה גברים, נשם בכבדות למיקרופון, אמר: "זהו זה, חבר'ה, נראה לי," ואז צחק כשוטה והוסיף: "או ברצף כאילו חילק קלפים T-62 שלא," הזיז את טנקיו שלושים מטרים והשבית שלושה.

קצת לפני הזריחה מצא אותם פגז. לא חדר — בזכות זווית, תפילה, אם שיושבת אי־שם ערה עם נרות — אבל היכה בגוף כמעין הגדרה חדשה למילה "פגיעה". הקשר נדם. האופטיקה נעכרה כחלב. מניפה של רסיסים שיטחה את ירך יצחק. הוא הבחין רק כשהחליק את הפגז הבא והשאיר על התרמיל שובל אדמדם.

"אבי," אמר — לראשונה בקול קטן.

אבי הביט מטה. הזמן האט, נעשה צמיג, כאילו אפשר לחצותו בידיים. הוא קרע את ערכת העזרה הראשונה, חבש, קשר; עוד תחבושת, עוד קשר — הכול בחום הצפוף, שנדף ממנו תמיד ריח מתכת ולחם ישן. "אתה נשאר איתי, יצחק," אמר. "ברור?"

יצחק הנהן פעם אחת — הנהון של ילד ששומע שלא יישאר מאחור — וחזר למקומו ליד פתח הטעינה בכובד ראש של כהן שב לעולה.

כשנחנק הטנק לבסוף, השתהק, כבה — הוציאם אבי החוצה. אוויר הלילה פרץ לריאותיו כברכה. הטנק שמאחוריהם בער באינטליגנציה רעבה ופרטית של אש; מעבר לו היה האופק שרשרת הבהובים שמסמנים, בלי להבחין, בין תקווה לסכנה.

הוא גרר את יצחק לצל קיר בזלת. האבנים עוד חמות. הוא שלף מכשיר קשר מטנק מת והחיה אותו בנהימה. "כאן כהן, חטיבה 7, גזרה צפונית," אמר, רגוע יותר משהרגיש. "מחזיקים קו. צריכים תחמושת. צריכים הכול."

"כולם צריכים הכול," אמרה הקול בקשר, קצר ויבש. "החזיקו את הקו."

אבי ניתק — וטעם את המשפט. הוא טעם של ברזל.

הוא טיפס לטנק שמפקדו שכב מקופל על הסיפון האחורי, עיניים פתוחות אל שמיים שהחווירו חלב. "סלח לי," אמר — כי דיבור הוא שמפריד בינינו לבין היותנו מכונות — והחליק לתוך הצריח. הוא העיר את הקשר. "כהן, נוטל פיקוד: עשרים ושלוש. התייצבות עליי."

שלושה טנקים ענו. אחר כך חמישה. אחר כך עוד שניים שלא ספר בסגל שלו — נמשכים כמגנט. הוא שמע את נשימת האנשים. שמע את נשימתו שלו, ואת רוח הצפון שאינה פוסקת משהחלה.

"אחים," אמר, "אין מקום אחר חוץ מהמקום הזה. מאחורינו הגליל. מאחורינו האימהות שלנו. מאחורינו ירושלים. כאן אנחנו עומדים."

במזרח נחתך הקו הראשון של אור, דק כהבטחה וחד כמותה.
הם עמדו.

פרק 3 — העמק משנה כיוון

השחר גילף את הגבעות במשטחי אפר וענבר. הגולן התעורר לצלילים של מנועים — לא ציוץ, לא תפילה, אלא דופק עיקש של מכונות המסרבות למות. הטנק השאול של אבי קלטר קדימה עם קבוצת כוכבים קטנה של רעיו. האוויר הדיף שמן שרוף ופרדוקס: פחד ונחישות, אימה ומיקוד צועדים זה לצד זה.

"מתקהלים שוב," אמר אייל, בוחן את האופק. קולו חזר לרשמי, המעשִׂי — שלוות בעל־מלאכה. "רכס רחוק, קו ליד קו — לפחות שני תריסרים."

לסתו של שלמה התקשחה. "מרחק אלף ושלוש מאות. נוכל לגרום להם לחשוב פעמיים."

"או להרגיז," אמר יצחק, וחייך חיוך שלא השלים.

אבי לקח את הבחירה שלוקחים מפקדים כשאופציות מושלמות אינן אלא מיתוס. "ניכנס 'הול־דאון' על הקצה. אש על סימון שלי. בלי לבזבז פגזים. זכרו — ירייה אחת, אמת אחת."

הם החליקו לעמדות כזאבים הנשענים אל מדרון — בדיוק מספיק מתכת כדי לנשוך ואז לסגת. מבעד לפריסקופ ראה אבי את הקו הסורי מתקדם בביטחון המספרים — מחשבה משוריינת ארוכה. הוא נתן להם לבוא. הוא הרגיש את הדופק שלו מואט לקצב העתיק של כיוון, נשימה, הכרעה.

"סמן," אמר.
שלמה ירה. טנק אחד נחנק בלהבות. שניים, שלושה נפלו מן הקו, בעוד זיקוקי עקיבה אדומים נוזלים תשובה. העולם הצטמצם לרצף חלונות — פריסקופ, כוונת, שתי אצבעות של אוויר בין הרים — ובו בזמן נפרש לכל מה שמאחוריהם: מטעים, מטבחים, נערות עושות שיעורים באור מנורה, נערים מדווּשים חזק מדי על חצץ, אלף עוגנים קטנים של ארץ.

פגז קרע עפר מן השפה שלושה מטרים מימין לצריח. אבנים צילצלו בכיפת המפקד כעצמות מושלכות. אבי לא עיווה פניו. הפחד היה כעת אורח מוכר — לא רצוי, אבל לא משתק.

"שתי מעלות שמאלה. הכוונה."

"מוכן."

"אש."

שעות איבדו את גבולותיהן. תגבורות באו בחוטים פרומים — פלוגה, ואז עוד כמה טנקים מדדים. משאיות תחמושת שעטו כשניתן, עצרו כשחויב; נהגיהן הראו חיים בכל העברת הילוך. בקשר רחשו שמועות שחיל האוויר חזר לשמיים, שהגל הראשון התייצב, שבמקומות אחרים עושים אנשים דברים בלתי אפשריים מבלי למות. לומדים לחשוד בבשורות טובות כמו ברעות — לאט, בזהירות — עד שהן נעשות האמת תחת המגפיים.

לקראת צהריים התגנב טנק סורי דרך ואדי, מחפש ירי על האגף. אייל ראה ראשון. "בשעה ארבע, נמוך. ערמומי."

"לא מספיק," אמר שלמה. התותח דיבר. המיצר פרח כתום; עשן שחור התגלגל כפסק דין.

"מנה את ברכותיך," מלמל יצחק.

"אני מונה," אמר אבי. "בפה מלא. מודה אני על חצי ריאה."

הם צחקו רגע, צחוק קצר ומגוחך — כזה שעולה כשאלטרנטיבה היא צעקה. נשימתם איידתה את החלל הצפוף ושבה ונעלמה. הטנק זמזם, עיקש ונאמן כמכונת תפירה.

עד אחר הצהריים נשברה המתקפה הסורית — נסוגה, התערבלה, ונשברה. העמק שייקרא בקעת הדמעות רבץ תחת ערפל אפור של אבק שריפה ושקט חייתי הבא אחרי הטבח. עמודי עשן ציינו היכן שריון מת. המדרון — אותו מורה אכזר ודק — עשה שוב את תפקידו: היטיב עם הסבלנים, המדויקים, עם הבלתי־אפשרי לכאורה.

בהפוגה טיפס אבי אל מחוץ לצריח ועמד עליו. הרוח טעמה ככסף. למטה נעו צוותי חילוץ כמלכים קפדנים בין שרידים ואנשים. הוא ראה חובש כורע, שתי אצבעות על צוואר, מניד ראש פעם אחת, נוטל שמיכה. אחר — לא מבוגר בהרבה מתמר בעוד עשור — צחק מרווחה על דופק שנמצא תחת פיח, ואז בכה כאילו מצא מים במדבר.

שלמה הרים בקבוקון. "על הבית," אמר.

אבי שתה, נתן למים הפושרים להיות מותרות. "על הבית," השיב, ובמחשבתו לא היה זה מקום אלא ברית: הבטחה שהגיהינום הזה משמעותו מעבר לעצמו.

הקשר נדלק בטון אחר — פחות ייאוש, יותר סדר. פקודות קיבלו יעד. קווים התקשחו. שמות מפקדים שבו לאוויר; קולות שחשבו שנפלו הודיעו מיקומים בהברות קצובות. קצין בעורף, פרקי אצבעותיו לבנים סביב השפופרת, אמר משפט שהיה יחד ברכה ואתגר: **"החזקנו."**

החזקנו. לא ניצחנו — מילה שתישאר עוד זמן מה חמוצה. אבל: החזקנו.

הלילה זחל חזרה, תחילה לבנדר ואז אינדיגו עמוק ההופך אנשים לצללים. אבי סובב את הצריח פעם אחת, לאט, ככהן הסוגר מעגל, ואז ירד. בדק את תחבושתו של יצחק — כעת אדומה כדגל.
“אתה הולך לרופא ברגע שזה נהיה ‘מחר’.”
“אם זה נהיה,” נענה יצחק, כאילו הזמן תלוי במפקד.

אבי נשכב על הגלסיס, קסדה מתחת לראשו, הטנק מתקתק כשהוא מתקרר. מעליו שלף אוריון את חרבו מן הנדן. הוא חשב על הדרום, על סיני, על לחישות שקו התעלה נפרץ ושאנשים — מכוונים את עצמם מחדש, מבולבלים וזועמים. הוא חשב על מרים ותמר ישנות בבית —ואומות שבו הלילה למד משקל חדש. הוא דיבר לשמים כאילו להם אוזן: “תן לי עוד שחר אחד,” לחש. “אחר כך אקח מכאן.”

השחר בא.
הוא לא הביא שלום. הוא הביא פקודות.

פרק 4 — לחצות מים, למנות שמות

“דרומה,” אמר מפקד הגדוד, נשען על מכסה מנוע של ג׳יפ ומכוון עיפרון אל המפה. “מסיטים שריון לסיני. הצפון מחזיק. הדרום צריך שיניים.”

הכביש נפרש מתחתם כרצועת סרט שמציגה מלחמה אחרת: שדי אבק, נאות מדבר פתאומיות, התעלה המנצנצת כלהב. סיני הוא ארץ שעושה את האדם קטן ועתיק גם יחד; כל דיונה שאלה, כל מישור — הטעיה. חלפו על פני שיירות בכיוון הנגדי — טנקים מקומטים מימי הפתיחה, אמבולנסים שכותשים קילומטרים, אוטובוסים עם מילואימניקים ועיגולים חיוורים במקום תפילין.

במרחב ריכוז מערבית לרפידים עצרה החטיבה ונשמה. תחמושת חדשה הגיעה. גם פקודות חדשות: שרון בוחן חצייה — המילה על שפת כולם, שמועה בלתי אפשרית — גשרים שנלחשו כקונטרבנד. המצרים התבצרו עמוק, בטילי נ״מ שעשו את השמים לשדה־מוות. אבל נוצרו סדקים. במלחמה סדקים הם דלתות.

עם הדמדומים מצא אבי פינה שקטה ליד שיטה, צללית כציור דיו. הוא פתח תרמוס שמישהו תחב לידו ושתה קפה שטעמו מתכת וחסד. שלף מחברת קטנה — זו שמרים החביאה בציודו — וכתב בלי להקפיד על שורות:
מי שענה לאברהם בהר המוריה — הוא יעננו.
סגר את העט. הוא לא ביקש ניצחון. ביקש להיות ראוי אם יבוא.

החצייה באה כמו דבר מסיפור שזקנים נשבעים שהוא אמת. עשן נמתח כווילונות. חיל האוויר פרץ חורים בשמים וחדר דרכם. חיל ההנדסה גלגל גשרים אל נהר שחשב עצמו לגבול, וטנקים

זחלו עליו בעקשנות זהירה של חיפושיות. נורי תאורה צבעו את העולם בצבעי תיאטרון — לבן, ירוק, כתום־דם — וצללים קפצו כאקרובטים.

“להחזיק חזק,” אמר אבי. “בלי גבורה מיותרת. המים לא סולחים.”

מעבר השני הרגיש מצרים אחרת תחת הזחל. החול אותו חול, אך זווית ההיסטוריה הוסטה. הם דחפו את השינוי פנימה כמו כתף הפותחת דלת. התנגדות באה — ארטילריה מרעידה דיונות, צוותי נ״ט הפורחים ונעלמים כפרחים רעילים. השריון צלצל שוב; בפנים מדדו אנשים מזלם באינצ׳ים וב“ברוך ה׳” נלחש.

הם הגיעו לסוללה שבה סג״ם בעיניים שדודות שינה סימן ביד. “אתם הישראלים שחוצים באור יום?” שאל, כאילו מאשר שמועה על מלאכים.
“רק בלילה,” אמר אבי יבש. האיש פרץ בצחוק שלא ידע שנותר בו.

להילחם במצרים טעם אחר מהגולן. המרחקים ארוכים יותר; צורות הפחד מופשטות יותר. כאן לומדים לקרוא רוח: איך עשן מתרומם ומסגיר תותח נסתר, התפר בדיונה המרמז על גיא. כאן לומדים ענווה אל מול המישורים — אין רכס להסתתר מאחוריו, אין קיר בזלת להצמיד גב בשעה שמחליטים לא למות.

עד הצהריים מצאו מסתור בעבר־הרוח של גבעה נמוכה, בעוד ארטילריה מסרקת לפניהם כְּאצבעות של ענק עיוור. שלמה, שנשבע שאין לו שיג ושיח עם שירה, בהה בקרקע ואמר: “חול זוכר.” איש לא לגלג. כולם חשבו על עקבות.

עם ערב הגיע שליח עם תיק בד; אופנועו השתעל במחאה. “דואר,” אמר, כאילו המילה יכולה להתקיים כאן. הושיט לאבי מעטפה אחת, בכתב העגול המוכר של מרים.

כל הארץ עדיין צמה, גם מי שכבר אכל. אנחנו הולכים לאט יותר, מדברים חלש. פתחה, *אהובי יותר. תמר שואלת מתי תחזור. אני אומרת: כשאבא יעזור לבחורים הגדולים לתקן משהו שבור. בערב אני מדליקה נר ולוחשת לתוכו את שמך. תחזור ותריב איתי על הנזילה בכיור. אני אוגרת כל מריבה.*

אבי קרא פעם, פעמיים. תחב את המכתב לכיס החזה, לצד הדיסקיות, כאילו הנייר יכול לשריין את הלב תחתיו. “מריבות אגורות,” אמר לצוות. “זה בית.”

“טוב מערימות כלים,” אמר יצחק.
“שום דבר לא טוב מערימות כלים,” אמר אייל, שכבר שטף בתורנות וידע.

הם התקדמו שוב — שורת חרקים שחורים על דף לבן. השמידו סוללת רקטות. דחקו שיירת אספקה. ראו מפה משנה צבע תחת גיר־שעווה — עידוד איטי, שאול ושבריri. בקשר נולדו

מילים שלא שייכות לטנקים — אלא לשולחנות, עטים, .*הפסקת־אש, מו״מ* :מילים חדשות ולהאומץ המגומגם של מי שאתמול הרגו זה את זה וכעת מנסים להחליט מה יעשו עם המחר.

כשעמדה לבסוף הפסקת האש, לא הגיעה כחצוצרה. היא הגיעה כאדם היושב אחרי עמידה ממושכת מדי. התותחים לא נאלמו; רק נסוגו למרחק שאפשר, אם רוצים, להכחיש. גברים שחררו אגרופים. המדבר כאילו נשף החוצה.

אבי החנה את הטנק וכיבה מנוע. הדממה הפתאומית צילצלה. הוא ירד בקשיחות של אדם מבוגר בהרבה, הלך עד שראה את המים שחצה. הם שכבו שם, תמימים כתמיד, כחולים כהבטחה.

הוא שלף את מכתבה של מרים, קרא שוב את השורה האחרונה, ולחש אל האוויר הרחב והסבלני: “אני בא הביתה.”

שנים עברו, כדרכן: לא כנהר אלא כסדרת חדרים שגרים בהם עד שמישהו פותח דלת חדשה. שערותיו של אבי הלבינו ברקות. תמר למדה חילוק ארוך, אחר כך שירה, אחר כך את ההבדל בין דעה לאמונה. זקיפות מפקד הטנק רוככה לזו של אב; חדות המפקד נעשתה דאגתו של חנווני המעמיד צנצנות בדיוק על המדף. צליעה קלה כמעט שלא נראתה. הוא ישן עם האור דולק במסדרון.

ביום כיפור עמד שוב ליד אביו — כעת זקן ובקול פרגמטי — ולחש את “שמע”. מרים לחצה את ידו ב“המלך היושב”. כשנפתח הארון, עיניו של אבי נמלאו תמיד, כי הזיכרון הוא מפל העומד מול ירח סמוי.

כשדיבר בפני תלמידים, לא אמר שהוא גיבור. סיפר על ידיו היציבות של שלמה, על תחבושתו של יצחק וחיוכו העקשן, על המספרים של אייל שמצילים חיים. סיפר על פחד שאינו נעלם ועל אמונה שגם היא אינה. סיפר שאומץ אינו היעדר פחד, אלא ההחלטה שמשהו אחר חשוב יותר.

בארנקו החזיק רשימת שמות. לפעמים פתח אותה בלילה — לא כי היה צריך לזכור, אלא כי היה צריך נוכחות. קרא אותם באותו קול שבו קרא את מכתבה של מרים במדבר: אינטימי, מלא יראה, תמה על הפשטות שבכל הברה.

באחר צהריים חורפי, שנים אחר כך, לקח את תמר — כמעט בוגרת — אל האנדרטה בגולן, שם בזלת נחרתה במתכת ובזיכרון. הרוח שם לעולם כמעט אינה שוקטת. הם עמדו וצפו על העמק שנטל ונתן כל כך הרבה.

“אבא,” אמרה, משחילה זרועה בזרועו, “מה למדת שם שלא יכולת ללמוד בשום מקום אחר?”

אבי חשב. לשאלה מגיעה תשובה מדויקת. “שאומות עשויות מדברים קטנים מאוד,” אמר. “לא מנאומים או ממפות. מישהו המניח יד על כתפו של מישהו כשמתחילה הירי. נהג שדוחף את

המשאית סנטימטר־סנטימטר תחת אש כי הוא יודע מה יש בפנים. ממכתבים. ממריבות ששומרים לאחר־כך."

תמר הנהנה. הרוח גרפה קווצת שיער על שפתיה; היא נשפה והסיטה — וחייכה, חיוך של אישה. "ולמדת משהו על אלוהים?"

אבי הביט לשמים, כמעט כהרגל. "כן," אמר. "שהוא — כמו המדבר, כמו הגולן — לעתים רחוקות צועק. הוא ממתין. ובזמן ההמתנה שואל מי אנחנו מתכוונים להיות."

הם הלכו חזרה אל הרכב. הדרך מן העמק התפתלה מערבה, הביתה, לארוחת ערב, לרחמים פשוטים. הבזלת שמרה את עצתה. השמות שעל הלוחות לא דהו.

בלילה, זמן רב אחרי שתמר נסעה לאוניברסיטה ומרים נרדמה עם ספר פרוש כאוהל על חזה, ישב אבי אל שולחן המטבח. כתב מכתב שלאיש מסוים — וקיפל ליד הרשימה שבארנקו:

היינו צעירים ופחדנו. נלחמנו כי הדלת מאחורינו הייתה דלת ילדינו. העולם חשב שנישבר. לא נשברנו. התכופפנו. למדנו את צורת האומץ זה של זה. חצינו מים. מנינו שמות. ניסינו להיות ראויים.

כיבה את האור ועמד במשקוף, מאזין לנשימת הבית. משב קל נשחל מן החלון, הרים את הווילון והורידו — כטלית על ארץ ישנה.

בחוץ נחה הארץ — חסרת מנוחה, כדרכה תמיד, ואף על פי כן חיה בבירור.
ובמקום מה בצפון החזיק העמק בכוכביו.

גשר האמונה: אמונה במעבר אמונה במעבר

"כִּי תַעֲבֹר בַּמַּיִם אִתְּךָ אָנִי, וּבִנְהָרוֹת לֹא יִשְׁטְפוּךָ".
(ישעיהו מ"ג:ב')

המעבר

בכפר הררי במזרח אירופה השתרע גשר עץ מעל נהר שוצף. הסוחרים יראו מפניו, שכן הלוחות היו רקובים והזרם שמתחת בלע כל שנפל לתוכו. ואף-על-פי-כן היה הגשר הדרך היחידה אל השוק.

ר' יצחק, מלמד שכמעט ולא היה לו כדי פרנסת ביתו, נדרש לחצות. שק ספריו על גבו הכביד עליו, ופני ילדיו הרעבים הכבידו על לבו עוד יותר. בקצה הגשר היססו הסוחרים ולחשו על הסכנה. יצחק לחש תהילים.

הפחד

כשדרך על הלוחות החורקים אחז בו הפחד. כל אנקה של העץ נשמעה כלעג לאמונתו. באמצע הגשר התגברה הרוח, הנהר שאג ביתר עוז, והבהלה איימה להחזירו לאחור.
אז נזכר בדברי אביו: "כאשר ה' קורא לך לחצות — הגשר חזק מכפי שהוא נראה. אל תביט במים; הבט ביד האוחזת בך מעליהם."
יצחק עצם את עיניו, אחז בחבלים ושר בלחש: "**ה' לי, לא אירא**".

צעד האמונה

עם כל צעד הלך שירתו וגברה. נוסעים אחרים, שקפאו על עומדם בקצה הגשר, שמעו וקיבלו אומץ. אחד-אחד הלכו אחריו, וקולותיהם הצטרפו לשלו. הגשר המשיך לרעוד — אך הפחד חדל למשול.
כשהגיעו לגדה השנייה חיבקוהו הסוחרים. "קולך נשא אותנו," אמרו, "לא הלוחות." יצחק הניד בראשו: "לא. זו הייתה ידו של ה'. אני רק הזכרתי לכם שהיא שם."

הלקח לתלמידיו

בערב, בחדר, סיפר יצחק לתלמידיו: "לחיים יש גשרים רבים. מהם איתנים, מהם רעועים. אל תמדדו את חוסנם בעיניכם אלא באמונתכם. הנהר שואג להטיל אימה — וה' נושא אותנו מעליו."
שנים אחר כך, כשהנערים נעשו לאנשים, נזכרו בסיפור רבם בכל פעם שנדרשו לחצות את הגשר שלהם. וגם הם לחשו: "**ה' לי, לא אירא**".

מחשבת מוסר

עברית:

.כל גשר בחיים נראה רעוע, אך מי שמביט ביד ה׳ — ולא במים הזועפים — עובר בשלום
האמונה אינה משתיקה את שאגת הנהר — היא נותנת לנו הכוח לעבור מעליה :**תובנה**.

שדה הקרב

בשנת 1914, כאשר אירופה בערה במלחמה, גויסו אלפי נערים יהודים לצבאות שאינם שלהם.
ביניהם היה משה, בחור ישיבה מעיירה קטנה בליטא. יום אחד היה רכון על גמרא; למחרת נשא
.רובה, פאותיו נגזזו וגופו נאסר במדים שחש כגלות יותר מבגד
שדה הקרב היה תוהו — בוץ, עשן, שאגת תותחים. הפחד ריחף על כל תעלה. חיילים רבים
.קיללו, אחרים אחזו בקמיעות. משה, רועד אך איתן, נשא בכיסו הפנימי ספר תהילים קטן

המזמור בתעלות

”?בערב הקרב הקניטוהו חבריו בעדינות: “משה, הספרון שלך יעצור כדור
”.חיוך דק עלה על שפתיו: “לא. אבל מי שדבריו בו — יכול
קולו ”.**יֹשֵׁב בְּסֵתֶר עֶלְיוֹן בְּצֵל שַׁדַּי יִתְלוֹנָן**“ :אותו לילה, לאור גחל של נר, לחש את תהילים צ״א
.נשזר בחשכה, ואף הספקנים שתקו — מאזינים כאל ערש־שיר

הנס

למחרת ירדו פגזים כגשם. אנשים צווחו; האדמה רעדה. משה אחז בתהילים שלו והוסיף פסוק
.לפסוק כאשר הרקיע נבקע באש. לפתע נחת פגז ממש לצדו — ולא התפוצץ
”.חבריו נדהמו. “בלתי אפשרי,” לחש אחד. “הפגז הזה היה גזר דין מוות
משה נגע בספרו, ודמעות חרצו תלמים בבוץ שעל פניו. “לא,” לחש, “זה היה גזר דין חיים —
”.הכתוב בידי ה׳

אחרי המלחמה

משה ניצל ושב אל עיירתו. מעולם לא קרא לעצמו גיבור. תחת זאת לימד ילדים בחדר והראה
להם את ספר התהילים הבלוי, שטבעת הפגז טבועה בכריכתו. “זה המדליון שלי,” היה אומר.
”.“האמונה היא המגן שאינו מחליד

מחשבת מוסר

עברית:

במקום שבו שולטים חרב ודם, מגלה האמונה כי החיים אינם ביד חייל או פגז — אלא ביד ה׳. כל

נשימה — מתנה.
תובנה: אומץ אמיתי אינו נמצא בכלי נשק, אלא באמונה שגם במלחמה ה׳ שומר על בניו.

המטבע האחרון: אמונה בפרנסה (אמונה בפרנסה)

".פּוֹתֵחַ אֶת יָדֶךָ וּמַשְׂבִּיעַ לְכָל חַי רָצוֹן"

(תהילים קמ"ה:ט"ז)

הקופייקה האחרונה

ר׳ הרשֶל, רוכל ממינסק, עבר ימים קשים. החורף נשך בעוז, והמסחר קפא כמו הנהרות. בבוקר
.אחד הביט בכיסו ומצא מטבע אחד בלבד — קופייקה. המזווה ריק; ילדיו רועדים בלויים
".אשתו הביטה בו בעיניים עייפות: "הרשל, הוצא בתבונה. לפחות לחם אנחנו צריכים
הרשל הנהן. אך בלבו סער מאבק: זהו אחיזתי האחרונה. להיצמד אליה — או לשחרר אותה ליד
?ה׳

ניסיון קופת הצדקה

כשהלך בשוק חלף ליד בית הכנסת. בפתח עמדה קופת צדקה מעץ, והחריץ החלק מעיד על
.דורות של מטבעות. הרשל עצר. המטבע בכיסו הכביד כעופרת
.קול אחד בקרבו קרא: כסיל! שמור לילדיך
.וקול אחר לחש: בטח בה׳. מה שנותנים לשמו — אינו אובד לעולם
באצבעות רועדות השליך את המטבע לקופה. הנקישה החלולה הדהדה חזק מכל המולת השוק.
.כיסו התרוקן — אך לבו הוקל פלאים

ההשבה הנסתרת

באותו אחר הצהריים, כשפסע הרשל הביתה, התיזה גלגלי מרכבה בוץ על מגפיו. הסוחר העשיר
שבתוכה נטה החוצה, מתנצל: "איש טוב, קילקלתי את מגפיך! בא מחר לחנותי; אשלם לך על
".עור חדש ועל מלאכתך להכין לי זוג
כך היה. לא רק לזוג האחד שכרו אותו הסוחר, אלא לעבודה קבועה. בתוך שבועות ספורים ביתו
.של הרשל נתמלא מזון, ולחי ילדיו זהרו בריאות
.כששאלה האישה כיצד התחולל המפנה, הצביע אל קופת הצדקה הקטנה שבפתח בית הכנסת

הלקח שנותר

מאותו יום הפריש הרשל מטבע מכל רווח — קטן ככל שיהיה. ילדיו למדו מוקדם: הפרנסה אינה טמונה במטבע שאתה מחזיק, אלא ביד ה'.

ובלימים מאוחרים יותר, כשהיו מספרים את סיפור הצלחת אביהם, לא הזכירו את הסוחר ולא את המגפיים. אמרו רק: "הכול התחיל במטבע האחרון — שניתן באמונה".

מחשבת מוסר

עברית:

הפרנסה איננה מן הכיס אלא מן השמים. דווקא כאשר האדם נותן מן המועט שבידו — נפתחים שערי ברכה.

כוח האמונה בפרנסה נבחן לא כשנותנים מן העודף, אלא כשבוטחים בה' עד כדי נתינת **לקח:** המטבע האחרון.

הישיבה במשבר

זה היה אחר צהריים מתוח בבני ברק. שמועות נפוצו במהירות כי הרשויות עוצרות בני ישיבה שאינם מתגייסים לצבא. פחד אחז בבית המדרש.

ראש הישיבה, שנשבר מלשמוע את בכי תלמידיו, החליט להתקשר אל רב ודיין מכובד בניו יורק – הרב דוד צבי ואן־דר־וואלד, הידוע כמנהיג רוחני בעל חשיבה מעמיקה ויכולת להאיר דרך בשעת משבר.

קולו רעד כשהוא דיבר אל תוך השפופרת:
"רבי, אנו רועדים כאן בבני ברק. הצבא עוצר בחורים מכל צד. מה עלינו לעשות?"

העצה המפתיעה של הרב

הרב ואן־דר־וואלד שתק לרגע, מהרהר. ואז דיבר בשלווה ובביטחון – מילים שהותירו את ראש הישיבה כמעט ללא מילים:

"ובכן, תן להם מה שהם רוצים. הם רוצים בני תורה בצבא – אז תן להם בני תורה בצבא."

ראש הישיבה נדהם.
"רבי, כוונתך שנעזוב את בתי המדרש שלנו, את התורה, ונשלח את הבחורים לצבא?!"

השיב הרב ברוך ובקול רך:
"לא. ארץ ישראל אינה נבנית בטנקים ובמטוסים בלבד. היא נבנית על ניסים ונפלאות. והדרך היחידה שבה החיילים באמת יזכו לניצחון ולהצלחה – היא על ידי התורה."

חזון של אחדות

הרב ואן־דר־וואלד המשיך:

"בעיני החילונים זה נראה לא הוגן. הם רואים בחורים מהלכים ברחוב באמצע היום, לפעמים יושבים עם נשותיהם במסעדה לציין יום נישואין, בעוד בניהם ובנותיהם משרתים במדים. לכן הדבר הצודק הוא – תן להם מה שהם רוצים.

אמור להם: קחו את כל הישיבה של בני ברק, עם אלף תלמידיה, והעבירו אותה לבסיס צבאי או להאנגאר של חיל האוויר. שם ימשיכו את לימוד התורה. תנו להם מדים מיוחדים, אולי עם סמל של תורה עליהם. הם יקומו עם החיילים, אך במקום תרגילים ילכו לבית המדרש. הם יתפללו, ילמדו, יאמרו תהילים. ולא יעזבו עד שהחיילים יסיימו את יומם."

קולו של הרב התחזק:

"כך יהיה לכל חייל בן זוג ללימוד – בן תורה שעומד לצדו רוחנית. אחד צועד עם רובה, השני עם גמרא. האחד נלחם בשדה הקרב, והאחר – בשדה הקרב של התורה. זו היא שותפות אמיתית של יששכר וזבולון"

העלאת הרמה

"ומי יודע," הוסיף הרב, "אולי אף הרמה הרוחנית בצבא תתרומם מכך. עם בחורי ישיבה במחנות, המטבחים אולי יהיו כשרים יותר, ימונו משגיחים, והאווירה כולה תשתנה.

מי *הבא במחתרת – הרי הוא רודף*. בסופו של דבר, התורה עצמה מצווה על הגנה עצמית שחופר מנהרה לביתך הוא רודף, ומצווה לעצור אותו. זו איננה נטישת התורה – זו התורה עצמה שמצווה להגן על עם ישראל."

שלום חדש מבפנים

וכך נשלחו מכתבים לצבא. לאט לאט החלה המתח בין הדתיים לחילונים להתרכך.

שלושה חודשים אחר כך הועבר בית מדרש שלם לבסיס צבאי. המראה היה בלתי נשכח: חיילים במדים ונשק צועדים זה לצד זה עם אחרים – גם הם במדים – אך בידיהם גמרות.

הקרע הפנימי בישראל החל להירפא. לא היו עוד האשמות. שני הצדדים שירתו יחד. שני הצדדים נלחמו – בגוף וברוח – למען עם ישראל.

וכשהחלה המלחמה – מעזה ומצפון – התגלה הנס. תורה ונשק יחד הביאו את הניצחון.

תקוותו של הרב

כששמע הרב ואן־דר־וואלד את הבשורה, אמר ברוך לראש הישיבה:

"יהי רצון שנזכה במהרה לראות בביאת המשיח. כי רק כאשר התורה והאחדות עומדות יחד – ישראל יזכו באמת לשלום."

וכך צעד בסיס מלא תורה בגאון, במדים – גמרא ביד, שפתיים לוחשות תהילים – עדות חיה לכך שכוחו של עם ישראל טמון גם באמונה וגם במעשה, יחד, כאחד.

?

הילד שבישל את אמונתו

(מבוסס על סיפור אמיתי מהולנד)

"בָּרוּךְ הַגֶּבֶר אֲשֶׁר יִבְטַח בַּה', וְהָיָה ה' מִבְטַחוֹ."
"ברוך האדם אשר בוטח בה', וה' יהיה מבטחו."
— ירמיה י"ז, ז׳

ילד בעולם גדול

ברחובות השקטים של הולנד שלאחר המלחמה חי ילד יהודי קטן בשם **דוביד**.
הוא היה בן שבע בלבד — רזה, חיוור, עדיין מחלים ממחלה — אך בעיניו בער אור עקשני שלא כבה.

כאשר בית־הספר הלא־יהודי הודיע על מחנה בן שבוע בכפר, כל הילדים קפצו משמחה. הם חלמו על משחקים, שירים, ועל ארוחות גדולות שבושלו על ידי טבחי בית־הספר בכיריים עצומים של מלון.
אבל עבור דוביד, הילד היהודי היחיד בכל בית־הספר, המחנה לא היה חופשה — אלא **מבחן של אמונה**.

האם שהכינה אותו

אמו, אישה שקטה ובעלת כוח פנימי, ידעה מה פירושו לשמור על כשרות בעולם שאינו מבין זאת.
היא ארזה עבורו מזוודה קטנה: כמה בגדים, סידור תפילה קטן, ו**ערכת סירי קמפינג קטנים** עטופים במגבת.

מאז שהיה מסוגל להגיע אל הכיריים, לימדה אותו לבשל בעצמו — מאכלים פשוטים, חלביים ורכים:
אטריות, תפוחי אדמה, ירקות, ומרק חלב.

“אתה תהיה השף הקטן שלי, ילדי,” אמרה בחיוך.
“עדיף לאכול ארוחה פשוטה וכשרה מאשר סעודה עשירה בלי השם.”

היא הוסיפה לתוך המזוודה כמה תפוחים, כיכר לחם, מעט אטריות וחתיכת גבינה — ונשקה את מצחו.
“זכור,” לחשה, “השם אוכל איתך, כל עוד אתה אוכל בדרכו.”

השף הקטן במחנה

במטבח המחנה שרקו מחבתות, עלו אדים מסירים, והטבחים — גויים גבוהים עם כובעי טבחים לבנים — צחקו בקול רם.
אבל באחת הפינות, ליד החלון, עמד ילד קטן עם קופסה מלאה סירים קטנים.

בכל בוקר וערב, בזמן שהאחרים שיחקו, הדליק דוביד את כירתו הקטנה.
אטריות בחלב, ירקות בחמאה, או תפוח אדמה :הוא בישל לעצמו אוכל פשוט, חלבִי וטהור **מבושל**.

הטבחים הביטו בו בתדהמה.
“מדוע הוא לא אוכל איתנו?” שאל אחד.
השני משך בכתפיו. “יש לו דרך משלו — הילד הקדוש הקטן.”

בשביל אחד — וכך, לצד סיריהם הענקיים שהאכילו מאות, בעבעו סיריו הקטנים של דוביד **בלבד**.

תפילת הבוקר

בעוד כל הילדים ישנו עד שש וחצי, דוביד היה קם כבר **בחמש וחצי**.
הוא נטל ידיים, חבש את כיפתו, והתגנב חרש למסדרון.
שם, תחת אור חלש, פתח את הסידור הקטן שלו והחל להתפלל **שחרית**.

פעם ראה אותו מורה אחד ושאל בלחש:
“מדוע אתה ער כל כך מוקדם, ילד?”
דוביד הרים את מבטו וענה בשקט:
“כי ה' מחכה לי — שאדבר איתו לפני שכולם יתעוררו.”

קולו היה חלש, אך עלה לשמים כנעימה.

הכבוד במטבח

ככל שעברו הימים, חדלו הטבחים לצחוק.
הם התחילו לשמור לו מקום נקי ליד החלון, ואחד מהם אף הביא לו בכל בוקר ירקות טריים מן הגן.

הם ראו איך הילד הקטן מערבב את תבשילו לאט ולוחש:
"...'ברוך אתה ה'"
הם לא הבינו את המילים — אבל הם הרגישו את הקדושה.

החזרה הביתה

כאשר הסתיים המחנה, חזר דוביד עייף אך קורן.
אמו פתחה את הקופסה וראתה את הסירים הקטנים — נקיים, מבריקים, ולא נגעו בהם אחרים.

"בישלת כל יום?" שאלה.
הוא הנהן בגאווה. "כן, אמא. הייתי השף של עצמי. ה' עזר לי."

היא חייכה בעיניים דומעות.
"לא בישלת רק אוכל, בני — בישלת אמונה."

מורשת

שנים לאחר מכן הפך הילד הקטן לרב.
אבל הוא מעולם לא שכח את אותו שבוע — את ריח האוכל של האחרים, את סיריו הקטנים, ואת תפילתו במסדרון הקר.

הוא היה מספר לתלמידיו:

" אם אתה מבשל אפילו ארוחה כשרה אחת בעולם ששכח את ה', אתה מדליק אש שבוערת חזק יותר מכל כירת מטבח.
הייתי ילד קטן עם סיר קטן — אבל ה' גרם לי להרגיש כאילו אני מאכיל מלאכים."

מוסר השכל:
גם בסיר קטן אפשר לבשל אמונה גדולה.

על המחבר

הרב דוביד צבי ואן דר ולדה נולד וגדל בהולנד.
הרחובות שם היו מסודרים, השמיים לרוב כחולים – אלא אם ירד גשם. אך החיים היהודיים נדרשו, ובמיוחד לאחר חורבן השואה שבו כמעט כל משפחות ישראל בהולנד נכחדו, להיבנות מחדש מן האפר.

ילדות והתהוות

מכיוון שבית הספר היהודי המקומי לא היה דתי, למד הרב ואן דר ולדה בבתי ספר כלליים. המשמעות הייתה אחת: הוא היה "הילד היהודי" בכיתה – נלעג מדי יום, לעיתים אף מוכה. ובכל זאת, לא הסתיר את יהדותו, אלא נשאה בגאון, בעקשנות ובפומבי.

שיעורים תורניים היו נדירים ומורים עוד פחות. הוריו, שהאמינו באחריות אישית עמוקה, אמרו לו תמיד: "למד לחפש בעצמך".
וזה הפך למתנת חייו. ללא מסגרת מסודרת למד לפתוח ספר, להיאבק בו, לשוב ולנסות עד

שיבין. הוא למד בפרצים קצרים אך עזים של ריכוז – מה שכיום היו מכנים "הפרעת קשב". כך סיים את לימודיו מהר מהצפוי – לא משום שהדרך הייתה קלה, אלא משום שלמד לרכב על הדרך שניתנה לו.

חברות וצמיחה

את הדרך הזו לא הלך לבדו. חוג קטן של חברים קיבל אותו כפי שהוא, גם כשהיה "חופן אנרגיה" שקשה לעמוד מולו. יחד למדו, צחקו וגדלו.
"תודה שנשארתם," הוא אומר להם היום, "אוהב אתכם על כך שנשאתם איתי את המסע."

ריבוי תפקידים – ולב אחד

היום נושא הרב ואן דר ולדה כובעים רבים אך לב אחד:
מתווך נדל"ן, סוכן ביטוח, רב, תלמיד נצחי, בעל, אבא וסבא.
אנשים הזקוקים למקום לשבת, לאכול, – **"בשביל אלה שאין להם שולחן משלהם"**הוא שם להישמע, ולהרגיש שייכים.

הוא מדריך יחידים ומשפחות המבקשים להכניס **שלום, סדר ואמונה** לחייהם.
שבא לידי ביטוי בחסד מעשי **.Home Safe Home Inc**הוא עומד בראש הארגון:
עוזר לחסרי בית למצוא ביטחון וכבוד; עומד לצד "אנשים מיוחדים" ובני משפחותיהם – נושא *.Amazing People*שנידון בהרחבה בספרו הקודם

הוא פיתח תוכניות למציאת התאמות טובות יותר לאנשים עם צרכים מיוחדים, וכעת הוא עובד על שני מיזמים קהילתיים רחבי היקף:
סביבות חמות, אנושיות ומכבדות, הרואות – **"כפר האלצהיימר"**ו־ **"כפר האנשים המיוחדים"** בכל נשמה עולם ומלואו.

הקול והשליחות

מתוך כל המסעות הללו נולדה קולו הנשמע בספר *גילוי האמונה* *(Rediscovering Emuna)* –

- כי הוא יודע עד כמה מילה אחת יכולה לפגוע ,קול **רך**;
- כי השראה מעורפלת אינה שורדת יום רביעי אפור ,קול **מעשי**;

- כי הוא חיפש משהו יציב כשהקרקע רעדה תחתיו, קול **נאמן לחז"ל**.

ללא אולטימטומים וללא בושה – כתיבתו מיועדת **למשפחות המבקשות לשוב יחד אל ה׳**; להורים ולילדים המחפשים שולחן שבו לכולם יש מקום, ואיש אינו נשאר בחוץ.

מסר הסיום

– אם ספר זה יסייע לך לעשות אפילו צעד אחד
– להדליק נר נוסף, לומר מילה כנה יותר, להזמין אדם ברוך יותר
העבר את הטוב הלאה: מבקש הרב ואן דר ולדה דבר אחד בלבד.

יהי רצון שה׳ יברך כל קורא בלב פתוח, בבית יציב, ובשמחת דורות הצועדים יחד בדרך חזרה אליו.

.